大夏书系·有效德育

素养导向的小学德育
课堂活动100例

金钊 主编

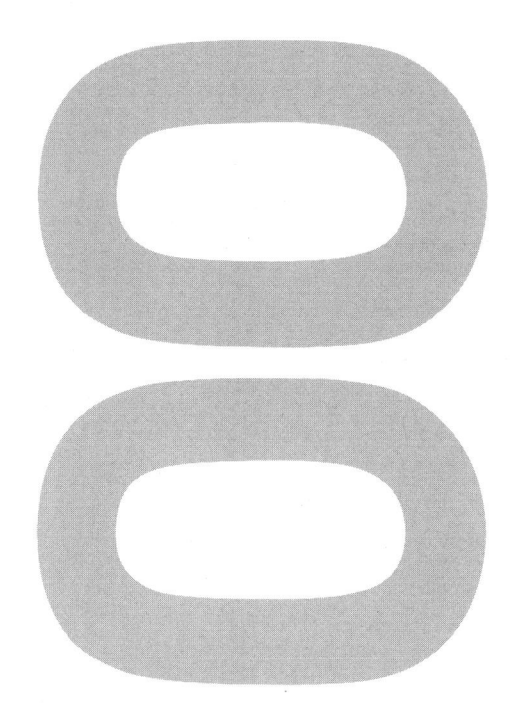

华东师范大学出版社
全国百佳图书出版单位
·上海·

图书在版编目（CIP）数据

素养导向的小学德育课堂活动100例/金钊主编.—上海：华东师范大学出版社，2021
ISBN 978-7-5760-1898-1

Ⅰ.①素… Ⅱ.①金… Ⅲ.①德育—教学研究—小学 Ⅳ.① G621

中国版本图书馆 CIP 数据核字（2021）第 118632 号

大夏书系·有效德育

素养导向的小学德育课堂活动 100 例

主　　编	金　钊
策划编辑	任红瑚
责任编辑	万丽丽
责任校对	杨　坤
封面设计	淡晓库

出版发行	华东师范大学出版社
社　　址	上海市中山北路 3663 号　邮编　200062
网　　址	www.ccnupress.com.cn
电　　话	021－60821666　行政传真　021－62572105
客服电话	021－62865537
邮购电话	021－62869887　地址　上海市中山北路 3663 号华东师范大学校内先锋路口
网　　店	http：//hdsdcbs.tmall.com

印　刷　者	北京密兴印刷有限公司
开　　本	700×1000　16 开
插　　页	1
印　　张	18
字　　数	240 千字
版　　次	2021 年 7 月第一版
印　　次	2021 年 7 月第一次
印　　数	5 000
书　　号	ISBN 978-7-5760-1898-1
定　　价	58.00 元

出版人	王　焰

（如发现本版图书有印订质量问题，请寄回本社市场部调换或电话 021-62865537 联系）

编委会

主编： 金　钊（北京教育学院副教授、博士，北京教育学院卓越教师工作室负责人，北京市特级教师工作室负责人、理论导师）

编委：
　　艾艳敏（北京市学科带头人，门头沟区教研员）
　　杜文丽（北京市学科带头人，朝阳区白家庄小学副校长）
　　张建华（北京市学科带头人，东城区教研员）
　　赵文琪（北京市骨干教师，石景山区教研员）
　　聂满欣（北京市学科带头人，通州区教研员）
　　林　波（北京市骨干教师，海淀区万泉小学教师）

前　言

习近平总书记于2019年3月18日主持召开学校思想政治理论课教师座谈会，从党和国家事业长远发展的战略高度出发，强调指出"思想政治理论课是落实立德树人根本任务的关键课程"，"思政课作用不可替代，思政课教师队伍责任重大"，并对创新改革思政课教学提出包括"坚持理论性和实践性相统一"在内的"八个相统一"的要求，从而为办好新时代学校思想课、培养担当民族复兴大任的时代新人提供了重要遵循。

从2019年秋季学期起，德育、历史和语文3个科目，取代"一纲多本"，义务教育阶段所有年级全部使用教育部统编教材。小学《道德与法治》教材共12册，按照与儿童生活的紧密程度，由近及远地围绕个人、家庭、学校、社会、国家、世界等6大生活领域，按照学习难度不同，采取螺旋上升的编排方式。

对于小学道德与法治，本课程超越单一的书本知识的传递和接受，以活动为教与学的基本形式，课程的呈现形态主要是儿童直接参与的各种主题活动、游戏或其他实践活动；课程目标主要通过儿童在教师指导下的活动过程中的体验、感悟和主动建构来实现。本课程的学习是知与行相统一的过程，注重学生在体验、探究和问题解决的过程中，形成良好道德品质，实现社会性发展。课程设计与实施注重联系学生的生活实际，引导学生在实践中发现和提出问题，在亲身参与丰富多样的社会活动中，逐步形成探究意识和创新精神。可见活动性、实践性是课程的基本定位。

《中共中央国务院关于深化教育教学改革全面提高义务教育质量的

意见》提出要"强化课堂主阵地作用,切实提高课堂教学质量";中共中央办公厅、国务院办公厅印发的《关于深化新时代学校思想政治理论课改革创新的若干意见》也强调"课堂教学效果还需提升"。为了帮助一线教师有效设计课堂教学活动,提升思政课教学实效,我们组织了北京市部分市级学科带头人及骨干教师,按照1—6年级循序渐进,编写了这本《素养导向的小学德育课堂活动100例》,涵盖"我的健康成长""我的家庭生活""我的学校生活""我的社区生活""我们的国家""我们共同的世界"等领域,旨在引领一线教师解决德育课堂的中心环节——活动设计。赵文琪、邱知两位老师参与了大量的组织工作,全书由我拟定编写思路,并统改定稿。

诚恳地期待小学德育课教师的批评指正。

金 钊

目 录

一年级

1. 找一找 / 002
2. 我喜欢的动物 / 004
3. 玩起来吧 / 007
4. 升国旗，唱国歌 / 009
5. 我是小小营养师 / 012
6. 我为号令来配音 / 015
7. "拼图"游戏 / 018
8. "他是谁"游戏 / 021
9. 它们都去哪儿了 / 024
10. 妙拼七巧板 / 026
11. 课间活动巧安排 / 028
12. 玩玩班级"文明棋" / 030
13. 开个分工交流会 / 032
14. 校园里的"指挥官" / 034
15. 拉拉手交朋友 / 037

二年级

- ⑯ 学做"快乐鸟"——传气球 / 040
- ⑰ 我们还在玩的传统游戏 / 043
- ⑱ 纸的诞生记 / 046
- ⑲ 神奇的"调音板" / 049
- ⑳ 周末巧安排 / 052
- ㉑ 汇聚小水滴 / 055
- ㉒ 牵着秩序的"手" / 058
- ㉓ 瓶口托球 / 061
- ㉔ 我们一起剥豆子 / 063
- ㉕ 废物探宝 / 066
- ㉖ "棋"中懂规则 / 069
- ㉗ 小小调音师 / 072
- ㉘ 按秩序排排队 / 074
- ㉙ 离开桌椅写写字 / 076
- ㉚ 为生活物品寻"亲" / 078
- ㉛ 火眼金睛找一找 / 080
- ㉜ 假如我是小刚 / 083
- ㉝ 滴水实验 / 086
- ㉞ 我是校园公物代言人 / 088
- ㉟ 探究魔瓶 / 091
- ㊱ 制作再生纸 / 094

三年级

㊲ 我的旅游攻略 / 098
㊳ “年夜饭”的故事 / 101
㊴ 发现父母默默的爱 / 103
㊵ 爱心的传递者 / 107
㊶ 毛遂自荐 / 110
㊷ 怀孕妈妈的一天 / 113
㊸ 火眼金睛辨危险 / 115
㊹ 我和时间交朋友 / 117
㊺ 不一样的你我他 / 119
㊻ 火场逃生 / 121
㊼ 我该怎么办 / 124
㊽ 生活与交通 / 127
㊾ 爱的小考验 / 129
㊿ 认识我们的“朋友” / 132
(51) 亮出我自己 / 135
(52) 我们去哪儿 / 138

| 四年级 |

53 地球"发烧了" / 142

54 学会看包装 / 145

55 网络游戏利弊辩论赛 / 150

56 家务擂台赛 / 153

57 网络游戏的是与非 / 155

58 快乐分一分 / 157

59 我给垃圾找个"家" / 159

60 废物变身玩具记——旋转木马 / 162

61 看包装选商品 / 164

62 劳动者大接龙 / 167

63 有计划地消费——量入为出 / 169

64 变废为宝有妙招 / 172

65 节约资源我能行 / 175

66 对白色污染说"不" / 177

67 遥控器"争夺战" / 180

68 我给广告分分类 / 183

五年级

- 69 记忆中的圆明园 / 188
- 70 我是探究小达人——"祖国多辽阔？" / 190
- 71 "撕纸"：沟通的游戏 / 192
- 72 我是小小土地规划师 / 195
- 73 民族文化小使者 / 198
- 74 体验活版印刷术 / 200
- 75 写写泥板上的楔形文字 / 202
- 76 我的碳排放足迹 / 204
- 77 守护我们的家园 / 207
- 78 古老而优美的汉字 / 210
- 79 跟着我的路线来旅游 / 213
- 80 "照耀中国的古代科技之星"推选大会 / 216
- 81 "丝绸之路"寻根问源 / 218
- 82 探秘中华民族大家庭 / 221

六年级

83 探秘汉字背后的故事 / 226
84 "啄木鸟"行动 / 228
85 水果实验 / 231
86 识图找相同 / 234
87 法律家族大聚会 / 237
88 法律家族大集合 / 239
89 资源"保卫战" / 242
90 地震灾害会应对 / 244
91 金字塔稳固之谜 / 246
92 不同的节日和习俗 / 248
93 体验"宪法号人生专列" / 253
94 让共享单车走得更远 / 256
95 迷你法治情景剧 / 260
96 模拟联合国 / 262
97 致敬"钢铁长城" / 264
98 "水"知多少 / 268
99 "我们是人大代表助理团" / 271
100 少年"说法" / 273

一年级

1 找一找

▌活动简介▐

"找一找"活动设计的初衷是针对日常生活中学生找不到东西的两个原因——乱放物品、自己的物品是由他人整理的,以便让学生直观形象地感受到:生活中要自己整理物品,把物品分好类、摆整齐,才能方便找到且节省时间。

> 内容版本:统编版小学《道德与法治》教材。
> 活动时长:15分钟。
> 工具材料:
> 1. 每名学生画或者打印一张自己曾经找不到的学习(生活)用品或者玩具的图片。
> 2. 班里整理能力最强的一位学生自己整理好的书包。

▌前期准备▐

教师向家长发放调查问卷并统计孩子有没有经常找不到东西的现象,如有须说明原因。

学生画或者打印一张自己曾经找不到的学习(生活)用品或者玩具的图片。

▌实施步骤▐

1. 同学们,课前老师请大家把自己曾经找不到的一样东西画下来,谁愿意把它贴到黑板上来?

小结:看来很多同学都有过找不到东西的经历。

2. 第一个"找一找"游戏:针对学生乱放东西的问题,沿用第一环节孩子们贴到黑板上的自己曾找不到的东西的图片,让学生进行三次现场的活动。每次老师都会计时,并板书时间。

第一次，在没有整理的情况下请同学从黑板上直接找一种东西；第二次，分类整理后，再请同学找一种东西；第三次，摆放整齐后，再请一名同学找一找。

接着探究"为什么一次比一次找得快"。学生直观形象地感受到了整理的好处：方便找东西且节省时间。整理的方法是：分好类，摆整齐。

3. 请刚才没贴图片的同学，把自己的物品分好类，摆整齐，贴到黑板上。进一步验证，落实。

4. 第二个"找一找"游戏：针对学生的物品是由他人整理的问题。

先找到班里书包整理得最好的一个孩子，请她在整齐的书包里找自己整理过的一本书，她找得很快。

接着找老师放的一个小书签，该同学找不到。请这位同学自己把书签放进书包，再找一找，这位同学很快就找到。

5. 老师和找东西的学生探讨：为什么找自己放的东西很快，找老师放的东西找不到呢？和其他同学探讨：这位同学两次找书签的经历给了我们什么启发？

第二个游戏活动，对比突出，目的是让学生在真实的情境中，真实地体会到：自己整理物品，才能节约时间，才能更快地找到东西。

注意事项

1. 为了确保图片的展示效果，学生画或者打印的自己曾经找不到的东西的图片，要画在老师给的圆形纸片上。

2. 整理能力强的学生的书包一定是自己整理的。要有备选方案，如果学生找到老师放的书签，老师要知道怎样说。

活动卡片

画或者打印自己曾经找不到的学习（生活）用品或者玩具的图片。

（北京市东城区前门小学杨爱静老师执笔）

2 我喜欢的动物

活动简介

该活动是通过做游戏的方式，让学生感受动物的多样性。例如：选择猫、鸟、鱼、蝴蝶等动物，通过模仿动物声音和动作或说出动物的特点的方式，让一位学生猜测是什么动物。在谜底揭晓后，教师进行该动物知识的补充。之后，将视角对准学生生活，请学生说说自己喜欢的动物。

> 内容版本：统编版小学《道德与法治》教材。
> 活动时长：10分钟。
> 工具材料：动物图形活动教具、多媒体课件。

前期准备

1. 教师准备活动教具。
2. 制作多媒体课件。
3. 准备粘贴板（磁性黑板）。
4. 制作课前活动卡。

实施步骤

1. 教师谈话：同学们，我们一起做一个"动物猜猜看"的游戏。
2. 教师介绍游戏的玩法和规则：请参与游戏的同学到教室前面背对屏幕。我在屏幕上出示一种动物的图片，其他同学模仿动物的声音或动作，也可以说出动物的特点，但不能说出动物的名称。
3. 学生进行游戏：根据提示，猜动物。
- 猫。
（1）学生活动（预设：模仿声音）。

（2）反馈、评价：请答题者或提供信息者将相关动物图片贴在黑板上。

（3）教师继续提问：其实，大自然里还有一些所谓的"大猫"，猜一猜，指的是什么呢？

（4）学生发言（预设：老虎……）。

（5）教师出示幻灯片：老虎、狮子、豹子等。

● 鸟。

（1）学生活动（预设：会飞，喳喳叫）。

（2）教师反馈：请答题者或提供信息者将相关动物图片贴在黑板上。

（3）提问：你觉得最漂亮的是什么鸟？（学生自由说）

（4）教师补充，并出示各种鸟类的图片。

（5）提问：看完这些图片，你有什么感觉？（预设：这些鸟真漂亮，五颜六色的……）

（6）小结：这么多美丽的鸟儿装点着我们的自然，让大自然更加丰富多彩。

● 鱼。

（1）学生活动（预设：水里游的，没有脚，有鳞）。

（2）教师反馈：请答题者和提供信息者将相关动物图片贴在黑板上。

（3）教师补充，并出示各种各样的鱼的图片。

● 蝴蝶。

（1）学生活动（预设：会飞，毛毛虫变得很漂亮，采蜜）。

（2）教师反馈：请答题者或提供信息者将相关动物图片贴在黑板上。

（3）教师补充，并出示蝴蝶的图片。

4. 请学生谈感受：通过看录像、做游戏，你有什么感受？
（预设：动物真多、真漂亮，大自然的动物真神奇……）

5. 小结：这就是我们神奇的大自然和大自然中多种多样的动物。

6. 这么多动物，你最喜欢的动物是什么呢？

7. 结合课前填写的活动表，请学生交流、分享。

8. 学生与同桌说说自己最喜欢的动物。

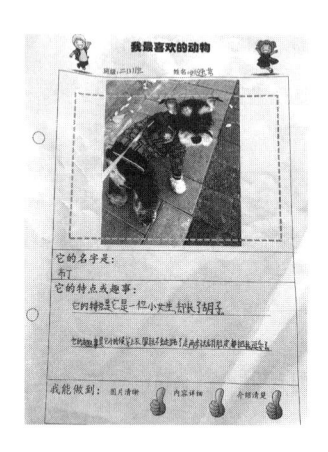

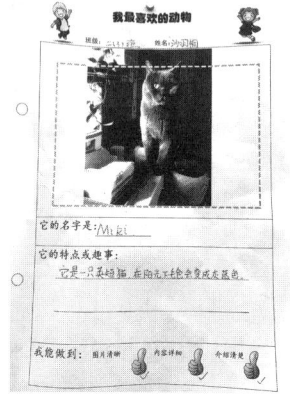

注意事项

1.为了保证活动效果,教师要做足准备工作。在游戏过程中,对于教师补充的内容,涉及面可以广泛一些,以扩充学生知识面。

2.一年级的学生年龄小,自控力较弱,教师需在游戏前明确游戏要求及游戏规则,可进行一次试玩,确定没问题后再正式开始。

3.一年级的学生识字量较少,活动表格内容应简单、易完成,鼓励学生以表达为主,文字叙述为辅。

(北京市第一零九中学小学实验部苗静老师执笔)

3 玩起来吧

活动简介

这个活动，首先由教师带学生玩游戏，感受游戏的快乐，进而由学生分组玩游戏，在玩的过程中发现问题，体验到规则的重要性。接下来通过视频引导学生明白勤奋练习、与同伴配合才能玩得更好，感悟心中有他人的良好品德。最后，鼓励孩子和父母一起游戏，促进孩子健康快乐成长。

内容版本：统编版小学《道德与法治》教材。
活动时长：12 分钟。
工具材料：豆子、纸杯、筷子、书签、视频。

前期准备

1. 教师对学生进行分组。
2. 准备游戏材料及视频资料。

实施步骤

1. 以 30 个学生为例，把学生分成 6 小组，每组 5 人。
2. 活动一：教师请一位同学配合示范小游戏，活动为 1 分钟。
3. 三个小组进行此项游戏，活动为 4 分钟。
4. 活动二：三个小组每个组获得一份游戏材料，进行夹豆子的游戏。活动时间为 3 分钟。
5. 教师巡视各组游戏情况，分别进行指导，直至游戏结束。

问：游戏的过程中你发现什么问题了吗？
预设：太吵了！
追问：为什么会出现这种状况呢？

预设：没有遵守规则。

继续追问：我们怎样做才能玩得开心呢？

6. 请你看看别的小朋友是怎样做的。

播放视频：集体弹琴。

预设：配合默契、遵守游戏规则、勤奋练习。

引导学生通过体验感受游戏的乐趣，通过观察发现游戏中要和朋友一起配合，勤奋练习，分享快乐。活动时间约为3分钟。

7. 今天的游戏回家后可以跟爸爸妈妈玩，和他们一起感受游戏的快乐。

注意事项

1. 为了确保活动的有效性，课前要与学生交流，告知学生在课堂做游戏时的注意事项，保障游戏顺利进行。

2. 课堂中关注学生学习状态和课堂常规，发现问题及时解决，引导学生养成良好的学习习惯。

（北京市崇文小学赵锋老师执笔）

4 升国旗，唱国歌

活动简介

"升国旗，唱国歌"分成三个阶段：首先，学生回忆并展示自己参加升国旗仪式时的做法；其次，学生分小组合作判断图片中人物的做法是否正确，并说明升国旗仪式要遵守礼仪规范的原因；最后，开展模拟"升国旗，唱国歌"仪式。

通过"升国旗，唱国歌"活动，明确升旗仪式礼仪规范，让学生懂得五星红旗、《义勇军进行曲》代表着中华人民共和国，尊重国旗、国歌，认真参加升国旗仪式是爱国的表现，同时也是法律的要求，模拟升国旗仪式也为学生日后参加升国旗仪式提供指导。

内容版本：统编版小学《道德与法治》教材。
活动时长：10 分钟。
工具材料：国歌音频，模拟升国旗动画。

前期准备

1. 对学生进行分组。
2. 教师准备活动所需的音频、视频、图片素材。
3. 准备粘贴板（磁性黑板）。

实施步骤

1. 以 40 个学生为例，把学生分成 10 小组，每组 4 人。
2. 教师播放国歌音乐，请同学们思考这首歌叫什么名字，在学校的哪些场合听到过这首歌。
3. 学生说明在学校参加升国旗仪式时老师提出了哪些要求，并上前展示自己是怎样做的。

4.学生分小组讨论以下情景中的人物参加升国旗仪式时的做法是否正确,并说明原因。

学生在升旗仪式上行队礼 　　　　　学校教师参加升国旗仪式行注目礼

小学生在校园内听到国歌响起,　　国歌声响起,小明和小红在小声
　　　　立正行礼　　　　　　　　　　　讨论刚才的考试题

5.教师与学生共同总结升国旗仪式要遵守规范要求的原因,国旗、国歌是国家的象征和标志,因此,我们要尊重国旗和国歌,这是中小学行为规范的要求,也是法律的要求,是我们每一名中华人民共和国公民应具备的素养。

6.学生通过学唱歌谣熟记升旗仪式礼仪规范。

(歌谣:每周一,来升旗,集队伍,快静齐。手放下,立正站,小眼睛,看国旗,唱国歌,按节拍,听指令,尊礼仪,爱祖国,我牢记!)

7. 师生进行模拟升国旗仪式。

> **注意事项**

1. 为了保证学生的学习效果，要坚持以学生为主体，从学生的生活实际中发现问题，因此，要让学生展示自己在参加升国旗仪式时是如何做的。

2. 加强正面引导，因此在准备"情景故事"时，要出示正面案例，同时，在做好充分调研的基础上，也要指出同学们在参加升旗仪式时经常出现的问题。

3. 目前，我国已对国旗、国歌、国徽分别立法，因此要有意识地渗透法治知识，培养学生的法治素养。

（北京市第一零九中学小学实验部王乐乐老师执笔）

5 我是小小营养师

活动简介

本活动涉及了《食物的诉说》教学内容中"合理搭配饮食"的内容。学生在课前记录一周晚餐情况并按要求进行标注,在活动中结合已有的"中国膳食宝塔"的认知,对照自己的记录与标注,发现自己日常生活中饮食方面存在的问题,进而改善不良的饮食习惯。

内容版本:统编版小学《道德与法治》教材。
活动时长:10分钟。
工具材料:晚餐记录。

前期准备

1. 教师请学生用画画的方式记录一周的晚餐食物,并用"√"来标注自己喜欢的食物,用"×"标注自己不喜欢的食物。

晚餐记录

请同学们将一周的晚餐食物用画画的形式记录在"圆桌"上,并在喜欢的食物下面画"√",在不喜欢的食物下面画"×"。

第一天
晚餐记录

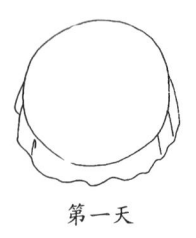

第二天
晚餐记录

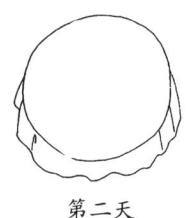

第一天

第二天

第三天
晚餐记录

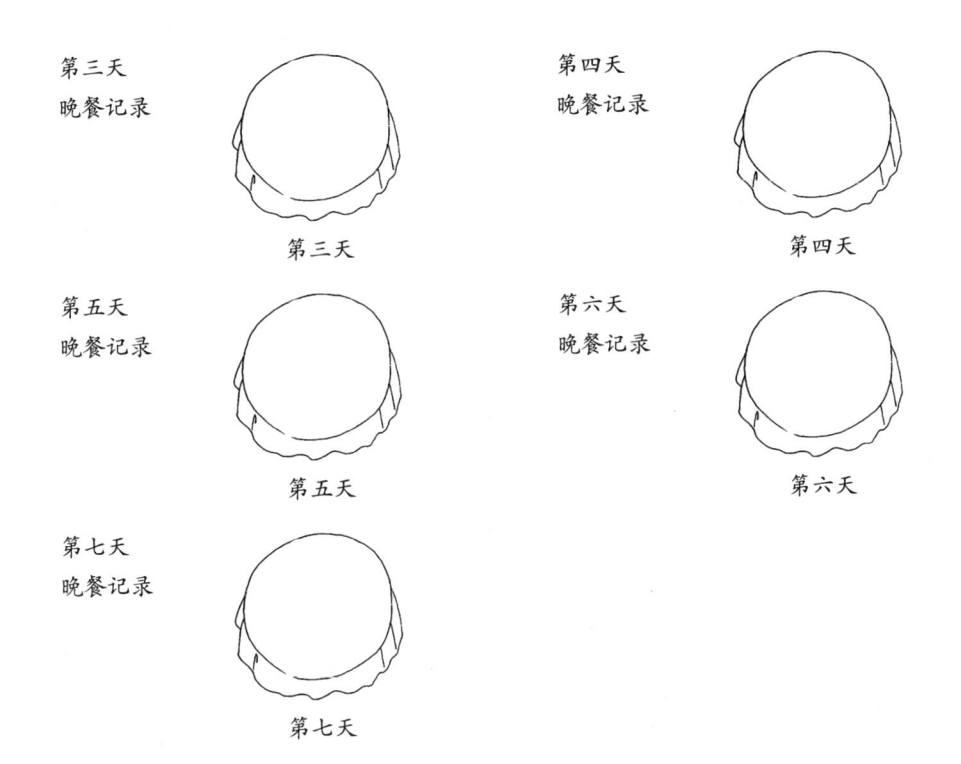

第三天

第四天
晚餐记录

第四天

第五天
晚餐记录

第五天

第六天
晚餐记录

第六天

第七天
晚餐记录

第七天

2.通过班级微信群与家长进行沟通，请家长鼓励学生积极完成"晚餐记录"。家长信如下：

尊敬的家长：

您好！

为了帮助学生改善不良的饮食习惯，增强教学实效性，请学生将一周的晚餐食物用画画的形式记录在"圆桌"上，并在喜欢的食物下面画"√"，在不喜欢的食物下面画"×"。真诚地希望您能够鼓励学生认真完成，衷心地感谢您的支持与配合！

3.准备投影设备。

| 实施步骤 |

1.教师引导：经过刚才的学习，同学们已经认识到了只有合理搭配饮食，才能获得均衡的营养，现在请同学们拿出你们记录一周的"晚餐记录"，并对照"中国膳食宝塔"，你有什么发现吗？

2. 给学生思考的时间，大约1分钟。

3. 引导学生拿着自己的"晚餐记录"到投影设备前说一说。

4. 学生到投影设备前进行展示，并谈谈自己的认识。

预设一：学生从偏食角度回答。

评价：看来，你是一个善于发现的孩子，老师为你点赞！

引导：你以往的饮食习惯有什么问题吗？

小结：你能认识到偏食对身体发育的不良影响，并愿意改正，老师真为你高兴。

预设二：学生从自己食用过多高热量的食物角度回答。

评价：看来你一下就发现了自己饮食中存在的问题，真是个善于反思的孩子。

引导：我们食用过多高热量的食物，会有什么问题呢？

小结：没错，看来这位同学已经从自己的身体变化中发现了经常吃高热量食物对身体产生的影响了。

预设三：学生从自己最不喜欢吃的食物角度回答。

评价：你真是个留心生活的孩子，很快总结了自己不爱吃的食物类别。

引导：不爱吃的食物，我们就可以不吃了吗？

追问：为什么想尝试吃这些被你画"×"的食物呢？

小结：看来你已经掌握饮食搭配的原则了，根据"中国膳食宝塔"，你发现了营养均衡才有助于身体的发育。老师非常佩服你，相信你以后一定能够针对自己的问题在饮食上有所改善。

5. 同桌交流。

6. 小结：刚刚同学们通过"晚餐记录"来回忆自己的日常饮食情况，并对自己的饮食习惯进行了反思，明白了合理搭配饮食的道理。

注意事项

1. 本活动课前准备很重要，学生要认真完成"晚餐记录"，这是学生回顾日常生活中饮食情况的重要参照物。

2. 活动的前一个环节要让学生认识到合理搭配饮食对身体成长的重要性。

3. 关注学生展示与评价，当学生能够将学习到的健康饮食的知识结合自己的"晚餐记录"发现自身不良饮食习惯时，要及时给予鼓励和肯定。

（北京市石景山外语实验小学分校王月老师执笔）

6 我为号令来配音

活动简介

"我为号令来配音"活动是在学生熟悉和了解校园中各种铃声的含义与要求的基础上,教师出示号令,引导学生用自己的语言进行配音。该活动旨在引导学生理解号令不仅仅是规则,更是校园里温暖的爱护与关怀,为他们愉快、积极地适应校园的制度化生活打下良好的基础。

> 内容版本:统编版小学《道德与法治》教材。
> 活动时长:10 分钟。
> 工具材料:
> 1. 铃声音频:以上课、下课、课间操(跑操)、眼保健操、升旗口令为例。
> 2. 根据配音的号令数量,准备相同数量的小喇叭图片,背面文字说明号令的名称,可用于各组抽选配音的号令时使用。

前期准备

1. 学生通过课上的学习,初步了解校园中的铃声就是号令,并清楚每种铃声的含义和基本要求。

2. 以 30 个学生为例,将班级内的学生分为 6 组,每组 5 名学生。

实施步骤

1. 小组讨论:根据分组情况,每组抽取一个号令,小组进行讨论,"请你为校园里的号令配音",小组交流、讨论时间为 2 分钟。

2. 小组展示:根据小组顺序进行展示。

3. 第一组学生上台为上课铃声进行配音:教师先播放上课铃音频,随后学生逐一为上课铃声进行配音。

配音内容预设：铃声响要回座位，下课再和小伙伴继续聊天吧；请赶快准备好书本；学习用具摆放好，这样上课时就不用慌张了；做好充分准备，一起快乐地学习吧。

4. 教师引导：第一组同学的配音让我们感到多么温馨啊！

5. 第二组学生上台为下课铃声进行配音：教师先播放下课铃音频，随后学生逐一为下课铃声进行配音。

配音内容预设：让我们的身体放松一下吧，补充水分，去厕所，轻轻松松地休息；下节课是什么呢？一起来做课前准备吧，快乐的学习时光很快又要开始了；在楼道里玩一会儿，别追跑，保护好自己；我们可以向窗外远眺，看一看绿色的树木，让眼睛得到休息。

6. 教师引导：听到这里，同学们对这个号令有什么感受呢？

7. 教师根据学生的表达进行总结并板书：大家感受到号令对我们的关心，多温暖呀！板书：温暖。

8. 第三组学生上台为课间操（跑操）铃声进行配音：教师先播放课间操（跑操）前奏音频，随后学生逐一为课间操铃声进行配音。

配音内容预设：多锻炼，让我们身体健康有活力；大家一起做操多有趣，动作整齐划一真精神；在休息的环节也要注意调整呼吸；身体健康才能让我们更好地学习。

9. 教师引导：听到这样的配音，你们有什么感受呢？

10. 第四组学生上台为眼保健操铃进行配音：教师先播放眼保健操前奏音频，该组学生逐一为眼保健操铃声进行配音。

配音内容预设：做眼保健操让眼睛放松一下；让我们一起闭上眼睛休息一下吧；跟着音乐和节拍一起做眼保健操，保护好我们的眼睛才能更好地学习。

11. 教师引导：是呀！就像同学们说的，号令表达了对我们的关心呢！

12. 第五组学生上台为升国旗号令进行配音：教师先播放升国旗主持人"升国旗 唱国歌 敬礼"的音频，随后学生逐一进行配音。

配音内容预设：我知道升旗仪式的基本礼仪，肃立站好，行注目礼，表达我们对国旗的尊重；听着雄壮的国歌声，看着国旗冉冉升起，参加升旗仪式多自豪；同学们一起大声齐唱国歌，唱出对祖国的热爱。

13. 教师引导：刚才五个小组的同学分别为校园里的上课、下课、课间操、眼保健操、升旗仪式的铃声进行了配音，说说你现在的感受。

14. 总结：看来同学们对校园里的号令都有了更深刻的认识，知道了号令不仅仅是规则，更在帮助我们适应校园的制度化生活，也是在关心、关爱我们的身心健康。从同学们的配音中，老师感受到大家体会到了号令的温暖，体会到了学校生活的美好！

注意事项

1. 教师应注意，本活动前的教学应让学生充分了解号令的含义，在此基础上配音活动才可达到预期效果。

2. 配音过程中，教师需要适时进行学生评价，对于学生感悟到的温暖应及时进行鼓励。

3. 学生展示配音时，请教师引导学生用自己的话语说出号令的含义，不单单是号令的要求与规则，尽量从号令中感受校园生活的温暖与美好。

活动卡片

（北京市石景山外语实验小学分校王月老师执笔）

7 "拼图"游戏

活动简介

"拼图"游戏是教师为引导学生明白做事认真、不马虎这个道理而设计的教学活动。

只有每位组员认真、细致地完成拼图中的一部分任务,才能成功将图拼好。任何一位同学马虎出错,都会导致拼图失败。此活动旨在引导学生认识到做事要认真、不马虎,这是对自己和他人负责任的表现。

> 内容版本:统编版小学《道德与法治》教材。
> 活动时长:10分钟。
> 工具材料:
> 1. 制作8个方格子连成一行的纸条,齐边裁好。方格纸最前边写上数字编号。
> 2. 设置每人的任务分工,制作成任务单。
> 3. 将一条方格纸和一张任务单放入小信封,信封放在桌角。
> 4. 每人准备好一支红色彩笔放在桌角。
> 5. 每组一张白纸、一个胶棒,放在组长的桌子上。

前期准备

1. 每个小组需要共同完成一幅拼图,每个组员要完成这幅图的一部分。任务单中注明每位同学在方格纸中涂色的具体位置。
2. 每组6人,围坐在一起。事先选定好一名组长。
3. 课前准备好实物投影设备。

实施步骤

1. 教师引导:今天每个组的同学都需要共同完成一幅拼图,每人要完成这幅图的一部分，然后再组合起来。每个人桌子上的信封中有一张任务单和一张画有方格子的纸条。我们需要按照任务单的要求，给方格纸中的格子涂上红颜色。请你先轻声读一读任务单的内容，了解你要将哪些格子涂上颜色。

2. 学生读任务单上的内容。

3. 教师引导：请同学们按照你任务单上的要求，将对应的格子涂上红颜色。

4. 学生在方格中涂颜色。

5. 教师巡视，确保同学们完成涂色任务。

6. 教师引导：下面我们开始拼图。请大家把你画好的方格纸交给组长，组长按照纸条上标的序号，将方格纸上下对齐排列好，再用胶棒把它们粘到白纸上。

7. 学生拼图。

8. 教师在黑板上贴出拼图的原图，请同学们将本组拼成的图形和老师的原图进行比较。

9. 教师提问：说说你们组拼图任务完成得怎么样？

预设一：组合好的图形和原图一样，成功了。

追问：你们为什么做得这么好呀？怎么做到的？

同学交流。

教师小结：多有心的孩子啊，在做事情的时候反复读清要求，认真进行检查，这都是做事认真的好习惯。这样做让我们获得了成功。

预设二：组合好的图形和原图不一样，没成功。

追问：为什么会这样呢？

学生对照要求，查找问题。

学生分析问题原因并交流。

教师引导：原来是因为有的同学没看清要求，涂错地方了，还有的同学没数对涂色格子的数量，粗心大意了，所以才使得小组的任务没有完成。你们有什么想说的吗？

10. 教师总结：看来，做任何事情都不能心不在焉、粗心大意，这样不仅影响自己还会影响到别人。做事认真、不马虎是对自己和他人负责任的表现。

注意事项

1. 制作的 8 个方格子连成一行的纸条一定要齐边裁好，便于学生粘贴图形更准确。

2. 方格纸最前边一定要写上数字编号，利于学生找到自己画的图形。同时要求组长在拼图时按照数字编号的顺序，将同学们涂好颜色的格子纸贴在白纸上，利于学生快速拼好图形。

3.活动前，要选好组长，贴图的任务以组长为主进行，避免秩序混乱。

4.活动中，提醒学生轻声读自己的任务单，不要影响其他同学。

┃活动卡片┃

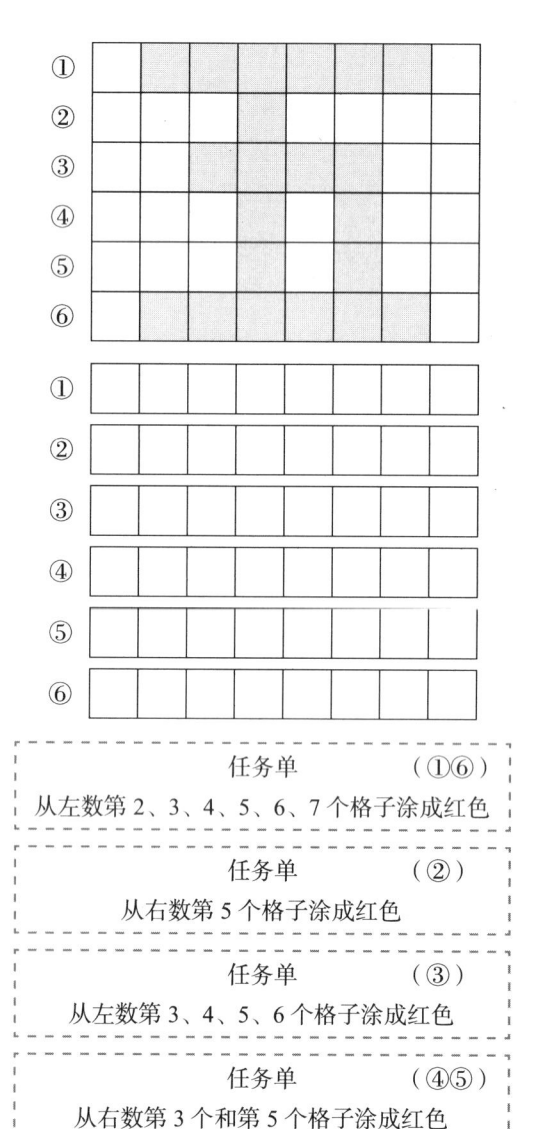

任务单　　　　　　（①⑥）
从左数第2、3、4、5、6、7个格子涂成红色

任务单　　　　　　（②）
从右数第5个格子涂成红色

任务单　　　　　　（③）
从左数第3、4、5、6个格子涂成红色

任务单　　　　　　（④⑤）
从右数第3个和第5个格子涂成红色

（北京市石景山区爱乐实验小学张洁老师执笔）

8 "他是谁"游戏

活动简介

"他是谁"游戏是教师为引导学生尽快适应新的环境,学会自我介绍而设计的教学活动。教师通过创设此活动,给不敢主动与人交往的学生创造交往的机会,从而引导学生乐于与他人交往,帮助他们获得愉悦的心理体验。

> 内容版本:统编版小学《道德与法治》教材。
> 活动时长:10~15分钟。
> 工具材料:
> 1. 在卡纸上写一些形容词(带拼音),比如快乐的、精力充沛的、活力四射的、漂亮的、友好的、健谈的、安静的、害羞的、瘦小的等。
> 2. 将写好的形容词(带拼音)卡纸分别贴在黑板上。
> 3. 教室内准备好桌子和椅子,可以摆成圆形或是半圆形,或是便于学生相互看见的摆放方式。
> 4. 准备一段欢快的音乐和一段舒缓的音乐。
> 5. 准备一个花球或手绢。

前期准备

1. 在彩色卡纸上写一些适合描述学生的形容词(带拼音),将每一个词语单独剪好分别贴在黑板上。
2. 学生需要围坐在摆好的椅子上,将中间区域空出来以便于开展活动。
3. 准备一段舒缓的背景音乐,帮助学生放松心情,便于开展活动。
4. 准备一段欢快的音乐和一个花球或者手绢,方便学生进行游戏。

> 实施步骤

1. 教师引导：同学们，听完这段舒缓的音乐，下面我们一起玩一个游戏。首先，请同学们用1分钟的时间看一看黑板上的形容词，再选择一个形容词来形容一下自己，如果有不认识或拼不出来的字可以问老师。

2. 学生观察、选择黑板上的形容词。

3. 教师示范：我是可爱的冷老师。

4. 教师讲述游戏规则：老师播放音乐，音乐开始，一位同学将手里的花球按顺时针方向传递出去；音乐停止的那刻，花球传到谁的手中，谁就要站到中间用"我是＋形容词＋名字"的句式介绍自己；介绍完之后回到座位，从这位同学开始继续传花球，当音乐第二次停下来的时候，手里拿花球的同学同样站在中间用"我是＋形容词＋名字"句式来介绍自己，但是要加上前一位同学的自我介绍。以此类推，每到下一位同学介绍的时候，都要加上你之前那位同学的自我介绍才算过关。如果不过关，要表演节目的呦！

5. 教师引导：同学们，听懂游戏规则了吗？我们现在开始游戏，请大家集中注意力，音乐开始代表着游戏开始。

6. 教师掌控音乐，学生开始传花球，进行游戏，在游戏过程中，教师相机给予指导。

7. 游戏结束后，教师提问：同学们，游戏到这儿就结束了，你现在有什么感受？

预设一：我认识了很多新朋友，他是"形容词＋姓名"，我觉得结识到新朋友很高兴。

追问：你是怎么做到的？

学生分享。

教师小结：真是一个善于认识新朋友的孩子啊，希望你继续做一个乐于交往的孩子，结识更多的朋友。

预设二：我没有记住新朋友，我不是很开心。

追问：这是因为什么呢？

学生说明情况，分析问题。

教师鼓励学生再做一次游戏。

教师小结：看，你完成的多好，真棒！希望你多和同学们交流，主动参与到活动中来，快乐地在班级中生活。

教师总结：同学们，通过今天的活动，老师更加喜欢你们了，你们是可爱的、懂事的、开朗的、乐于助人的孩子，希望大家在新的集体中快乐地生活，结交到很多很多的好朋友。

注意事项

1."形容词"卡片要使用简单易懂的词语，如果有需要可以加上拼音，便于学生更准确地认识每一个词语。

2.教师要说明游戏规则，并做好游戏示范，以便学生模仿。

3.游戏中教师注意观察学生的表现，对于内向的孩子要多多鼓励。

4.活动结束后，教师要及时表扬、鼓励学生，增强学生乐于结识新朋友的自信心。

（北京市石景山区水泥厂小学冷晶艳老师执笔）

9 它们都去哪儿了

活动简介

"它们都去哪儿了"活动分成两个阶段：第一阶段，欣赏情景剧《孤独的小羊驼》，请同学们思考冬天到了，小羊驼的朋友到底都去哪儿了？在思考交流中发现，冬天到了，动物会有各种各样的过冬方式。第二阶段，留心观察我们身边的动物，了解它们不同的过冬方式。

> 内容版本：统编版小学《道德与法治》教材。
> 活动时长：12分钟。
> 工具材料：大雁、乌龟、羊驼、小青蛙、小蜜蜂、小松鼠头饰各一个。

前期准备

1. 选出6名同学分别饰演大雁、乌龟、羊驼、小青蛙、小蜜蜂、小松鼠6种小动物。
2. 准备大雁、乌龟、羊驼、小青蛙、小蜜蜂、小松鼠头饰各一个。
3. 了解学校小动物的过冬情况，采访小动物园饲养员。

实施步骤

1. 请6名学生表演情景剧《孤独的小羊驼》，其他同学观看情景剧表演。
2. 以30名学生为例，学生两人一组，共分成15个小组。
3. 表演结束，小组成员讨论情景剧里的问题："冬天到了，小羊驼的朋友大雁、乌龟、小青蛙、小蜜蜂、小松鼠到底都去哪儿了？"
4. 全班交流小组讨论后的结果。
5. 请表演情景剧的同学说出自己饰演的小动物的过冬方式。

总结：冬天到了，大雁飞到南方去了，大雁过冬的方式叫迁徙。小蜜蜂和小松鼠冬天是靠储存食物过冬的动物，小乌龟、小青蛙到了冬天会冬眠。

6. 提出问题：除了小乌龟、小青蛙，还有哪些动物需要冬眠呢？

7. 全班交流，并出示熊、蛇、刺猬、蜗牛等冬眠动物的图片，对冬眠的动物进行知识补充。

8. "我身边的小动物"，出示在学校小动物园里，小鸟的房子中发现安放的电暖器图片，猜一猜为什么它的房子里会安放电暖器？

9. 播放对饲养员阿姨的采访视频，听她讲解，我们身边小动物园里动物过冬方式的不同之处。

注意事项

1. 设计情景剧《孤独的小羊驼》旨在用学生喜欢的方式，激发他们讨论的兴趣，活跃课堂气氛。

2. 交流动物们的过冬方式这一问题时，老师要对常见的动物过冬方式有知识上的储备和了解，引导学生回答问题时要有所依据。

3. 小组交流过程中，学生积极互动，主动思考。

活动卡片

（北京市海淀外国语实验学校孔佳老师执笔）

10 妙拼七巧板

活动简介

低年级小学生年龄小，合作意识不强，与人合作时缺少方法，常常会出现一些问题。通过"妙拼七巧板"这一游戏，学生在实践体验与经验分享中习得合作的好方法，并感受合作带来的快乐和成就感，形成主动参与的意识。

内容版本：统编版小学《道德与法治》教材。
活动时长：8分钟。
工具材料：七巧板、七巧板图案示意图。

前期准备

1. 分组：教师对学生进行分组，每7人一组。
2. 根据组数准备适量七巧板。
3. 准备若干个七巧板图案示意图。

实施步骤

1. 谈话激趣：孩子们，今天老师给每个小组带来了一个小礼物，它可是个宝贝，虽然只有七块形状不一的木板，却能拼成许多种不同的图案，猜一猜，是什么？（出示七巧板模型）

今天老师给大家带来的就是七巧板，想不想玩儿?

2. 以42个学生为例，将学生分为6个小组，每组7人。

3. 明确游戏规则：

（1）7人为一组，选一人为组长。

（2）在组长的带领下，制定游戏策略。

（3）7人团结协作，合理分工，将七巧板用最短时间摆成指定的图形，用时最短的组获胜。

4. 教师在屏幕上出示指定图案并计时。

5. 学生活动，教师巡视，注意引导学生收集合作的感受。

6. 教师采访用时最短的获胜组，获胜组分享合作经验。

7. 全班总结合作的好方法，明白合作要合理分工，讲究方法，善于沟通协调，大家团结协作才能更快、更好地完成任务。

8. 运用习得的合作好方法再一次进行尝试，体会成功的快乐。

9. 总结：同学们，今天你们的收获大吗？你们良好的分工、默契的配合，漂亮地完成了一次又一次合作。因为你们善于合作，因此获得了成功，掌声送给你们！希望你们在今后更多的事情中能够体会合作的快乐。

注意事项

1. 教师要及时发现、记录学生在游戏中出现的问题，将此作为课堂中的生成资源，分析问题出现的原因及解决方法。

2. 鼓励每位学生在"妙拼七巧板"游戏中积极参与，不当旁观者。

活动卡片

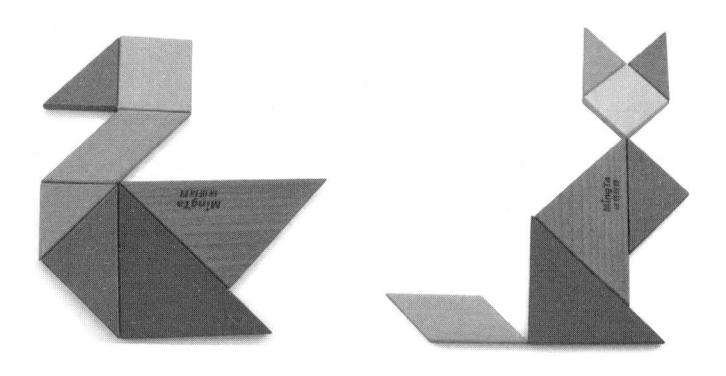

（北京市海淀区实验小学魏赛男老师执笔）

11 课间活动巧安排

活动简介

因为每个人的情况不一样,所以课间安排的内容和顺序也不一样,课间休息的时候,我们要按照自己的需要安排事情,但是像上厕所、准备书、喝水这些事情是必须做的,下课最好先做,做完这些再去做游戏,这样安排就比较合理。

学生通过"给课间十分钟排序"的活动,知道了每个人情况不同,课间的安排内容和顺序不一样。

> 内容版本:统编版小学《道德与法治》教材。
> 活动时长:10分钟。
> 工具材料:课间活动卡片、卡槽。

前期准备

1. 教师对学生进行分组。
2. 制作课间活动卡片、卡槽。
3. 将活动卡片、卡槽装进一个信封内。

实施步骤

1. 以20个学生为例,把学生分成10个小组,每组2人。
2. 游戏开始,每组学生一个信封,学生拿出信封里面的活动卡片。
3. 同组两人互相说一说活动卡片上的内容:去厕所、准备书、喝水、做游戏等,明确这些都是课间十分钟要做的事情。
4. 同组中的一人先拿着卡片说一说自己课间十分钟做事的顺序,然后按照做事的顺序给卡片排序并把卡片依次放进卡槽里,最后跟同伴说一说为什么这么排序。

5. 换组内的另外一人重新按照上面的步骤给课间十分钟排序。先拿着卡片说自己的顺序—按照顺序摆进卡槽—给同伴解释这样排序的理由。

6. 全班一起分享交流。教师请几名同学上台来展示自己的排序，学生要给大家讲清楚为什么要这么安排课间十分钟，并说清理由。

7. 学生交流时教师给予适时、适当的引导。

注意事项

1. 学生两人一组活动时，注意让学生排好序后说一说这样安排的理由，不要光为了玩游戏，更要在游戏中有所获得。通过此活动使学生明确每个人情况不同，课间的安排内容和顺序不一样。

2. 上台交流展示时，学生对于"去厕所"和"喝水"的顺序存在分歧，老师要适时点拨，不一定非要先去厕所，再喝水，要让学生知道每个人情况不同，课间的安排内容和顺序不一样。

活动卡片

喝水　　去厕所　　准备物品　　做游戏

将活动卡片插入到此卡槽排序

① ② ③ ④

（北京第二实验小学通州分校孟然老师执笔）

12 玩玩班级"文明棋"

活动简介

将班级规则制作在棋盘上，旨在通过走班级"文明棋"的活动，引导学生在活动中强化对共同班级规则的认识，从而帮助学生树立自觉遵守班级规则的意识。

> 内容版本：统编版小学《道德与法治》教材。
> 活动时长：10分钟。
> 工具材料："文明棋"棋盘。

前期准备

1. 准备"文明棋"棋盘。
2. 了解班级公约。

实施步骤

1. 以40个学生为例，将学生分为8个小组，每组5人，明确各组的小组长人选。
2. 学生在小组内讨论：哪些行为可列入棋盘上的"奖励"，并充分说明理由。
3. 学生在小组内讨论：哪些行为要列入棋盘上的"惩罚"，并充分说明理由。
4. 讨论结束后，填写完成本组的"文明棋"棋盘。
5. 全班交流分享"文明棋"上的内容。
6. 找两名学生到前面演示"文明棋"的玩法。
7. 小组内玩一玩自己制作的"文明棋"。

注意事项

1. 班级"文明棋"不能只是一个游戏,让学生一玩了之,在学生制作、下完"文明棋"之后,教师要组织学生交流感受,在总结提升中强化班级规则意识,使学生愿意在行为上自觉遵守规则。

2. 在制定班级规则时,要让学生感受到自己作为班级主人的责任感与自豪感,鼓励学生畅所欲言,达成共识。

活动卡片

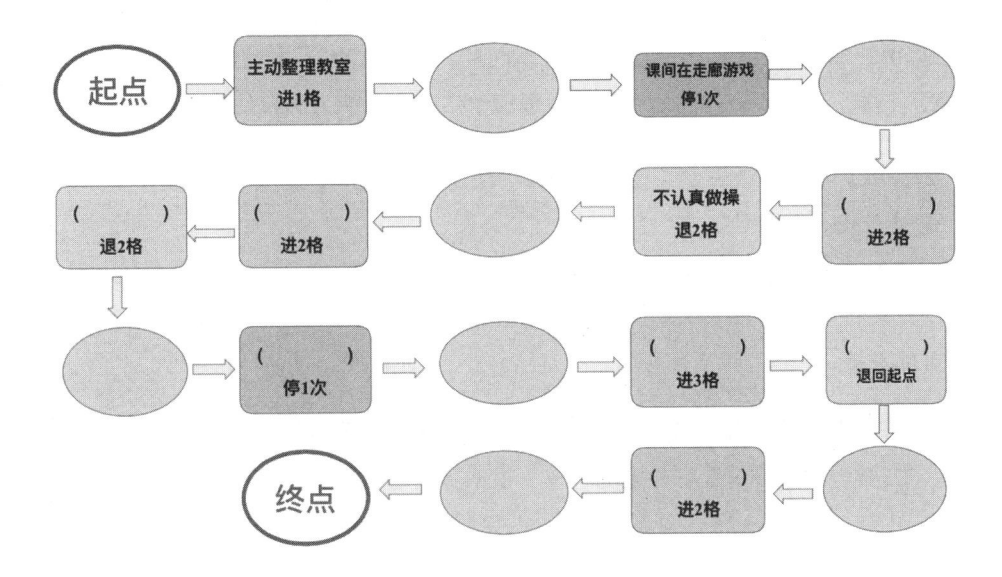

```
起点 → 主动整理教室    →  ○  →  课间在走廊游戏  →  ○
       进1格                    停1次                ↓
                                                     ↓
(  )  ← (  )  ←  ○  ←  不认真做操  ←  (  )
退2格    进2格              退2格           进2格
  ↓
  ↓
 ○  →  (  )  →  ○  →  (  )  →  (  )
        停1次              进3格     退回起点
                                       ↓
                                       ↓
终点 ←  ○  ←  (  )  ←
              进2格
```

(北京市通州区梨园学校隋晶老师执笔)

13 开个分工交流会

活动简介

通过"开个分工交流会"的活动,分配班级值日任务。因为学生年龄小、合作意识不强,做值日时可能存在着许多问题,本活动创设了学生生活中的真实情境,培养学生与人合作的协作意识,锻炼学生的交际能力和自学能力。

内容版本:统编版小学《道德与法治》教材。
活动时长:10分钟。
工具材料:任务单、姓名贴。

前期准备

1. 分组:学生自由组合,将班级成员分成5组,选出各组的小组长。
2. 学生对班级情况有一定的了解,根据班级情况选出班级日常值日的内容。

实施步骤

1. 以40个学生为例,将学生分为5个小组,每组8人,明确各组的小组长人选。

2. 明确小组活动要求。

(1) 组长与小组成员一起商量值日分工,将自己的姓名贴到对应的值日任务下面。

(2) 每个人发挥特长,人人有活儿干,每种活儿都有人干(难干的活儿一起干)。

(3) 小组成员明确分工结果。

3. 学生活动,教师巡视指导。

4. 全班同学集体分享分工的方法和结果,对分工情况进行点评。

5. 全班总结分工合作的方法，明白只有分工合作，才能做得又快又好。

▋注意事项

1. 教师应及时发现并记录学生在分工中出现的问题，将此作为课堂中的生成资源，分析问题出现的原因和解决方法，培养学生问题的沟通和解决能力，提高他们的交际能力。

2. 鼓励每个学生在小组内分享自己选择的理由，目的在于能够将自己内心的想法转化为语言表述，这一过程是对本组内任务分工的回顾和反思，也是对学生言语逻辑能力的训练，为集体分享做准备。

▋活动卡片

第（　　）组的"值日分工"任务单

姓名：	姓名：	姓名：
姓名：	姓名：	姓名：

（北京教育科学研究院通州区第一实验小学蔡爽老师执笔）

14 校园里的"指挥官"

活动简介

校园里的"指挥官"活动依托人教版一年级上册《校园里的号令》一课，分成两个阶段：第一个阶段，需要学生记录校园中一天的各种铃声和音乐，寻找校园中存在的"指挥官"，了解和感受校园生活；第二个阶段，在此基础上，分析每一名"指挥官"的性格和命令内容，从而了解并遵守校园的规则和要求，产生爱校的感情。

内容版本：人教版。

活动时长：15分钟。

工具材料：

1. 每名学生：一张《校园中的"指挥官"记录表》。
2. 每个小组：一张《校园中的"指挥官"统计表》、水彩笔一套、"性格贴"一套。

前期准备

1. 教师对学生进行分组。

2. 设计一张《校园中的"指挥官"记录表》、一张《校园中的"指挥官"统计表》。

3. 设计"性格贴"一套，例如：古板、温柔、快乐、阳光、严肃、认真等。

实施步骤

1. 第一阶段活动：

（1）分组：将全班分成若干个小组，并明确小组长及人员分工。例如：30个学生的班级，可以把学生分成6个小组，每组5人，其中小组长1名，负责小组的组织协调；记录员2名，负责填写统计表；汇报员2名，负责小组成果的汇报展示。保证每个成员都有任务。

（2）给每名学生下发一张《校园中的"指挥官"记录表》，记录校园里一天中的铃声和音乐，要求真实、完整。建议选择周一记录，记录的铃声和音乐可以是上课铃声、下课铃声、上操音乐、升旗音乐、做操音乐、回楼音乐、眼操音乐、午间阅读音乐、广播铃声等。

2. 第二阶段活动：

（1）小组活动：学生将完成的记录表在小组内展示，交流自己记录的结果，汇总所有组员的结果，并填写完成《校园中的"指挥官"统计表》。活动时间3分钟。

（2）全班交流：每个小组的汇报员分享小组的汇总结果，交流校园里的铃声和音乐。活动时间2分钟。

（3）小组活动：

①小组成员根据自己入校后的生活体验，分析每一位"指挥官"（铃声和音乐）的意图和要求，选择合适的性格贴，贴在《校园中的"指挥官"统计表》中。

②小组成员讨论校园中每个时间段的内容和要求，用画画和文字的方式，将在某一个时间段中合理的做法记录在《校园中的"指挥官"统计表》中。

活动时间3分钟，在此过程中，小组长要观察组员，保证所有成员都参与其中，并发表意见。

（4）全班活动：小组汇报员将小组讨论的结果和全班交流，互相学习。要求：大方、自然、流利。

在这个过程中，教师要进行适当指导。例如：升国旗时要肃立，行注目礼，高唱国歌；上课铃声响起时，要迅速回到座位，坐好，安静等待；午间音乐响起时，告诉我们现在该读书了，迅速回到座位，收拾好桌面，拿出课外书，开始静心阅读；广播铃声响起时，要将桌面收拾干净，双手平放在桌面上，眼睛看广播，准备倾听等。活动时间7分钟。

（5）评价：每名学生一张评价表，包括自评、组长评、教师评，自己、组长和教师要根据该生在活动中的表现打分。

注意事项

1. 为了确保活动的有效性，学生在填写《校园中的"指挥官"记录表》时，教师要特别强调填写要求——"真实"。

2. 组建小组时，要明确每一个组员的分工和任务，确保在小组活动时，保证所有成员都参与讨论。

3. 注意活动时学生的主体性，突出学生的感受，不要将教师的观点强加给学生。

4. "性格贴"可以准备几张空白的，让学生自己填写。

| 活动卡片 |

校园中的"指挥官"记录表
姓名：
我找到的铃声和音乐是：_____
_____
_____

校园中的"指挥官"统计表

小组名称：　　　　　小组成员：

"指挥官"	性格	我需要做什么？

"性格贴"：

严肃　古板　温柔　阳光　快乐

认真　严格　　　　　　

（北京市朝阳区白家庄小学侯月姗老师执笔）

15 拉拉手交朋友

活动简介

一年级的学生刚刚踏进小学的校门,对于小学生活很陌生,在陌生的环境中,学生很难能放松下来交到新朋友。所以,《拉拉手交朋友》这节课通过有趣的游戏,让学生在游戏中初步了解班里的同学,愿意与同学交往,获得与同学交往及适应新校园生活的积极情感体验。

内容版本:人教版。
活动时长:三次活动,第一次8分钟,第二次10分钟,第三次10分钟(共28分钟)。
工具材料:
1. 游戏卡片:同色两张为1对,准备10对。
2. 白色画纸每人一张。

前期准备

1. 在音乐课上学会演唱歌曲《你的名字叫什么》。
2. 以全班20个人为例,同色两张为1对,准备10对。
3. 白纸若干。

实施步骤

1. 第一轮活动:认识朋友——你的名字叫什么?(活动时间8分钟)

介绍游戏规则:以音乐课新学的歌曲《你的名字叫什么》为基础。

(1)大家一起唱《你的名字叫什么》这首

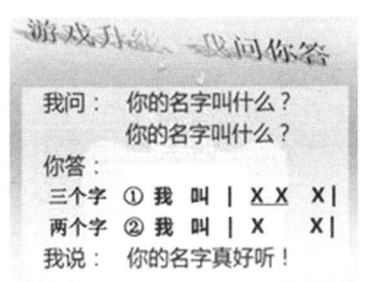

一年级 · 037

歌的前两句，老师指向谁，谁就要回答出自己的名字。然后同学们一起赞美他的名字。

（2）几轮之后，由学生亲自来指定回答名字的同学。看看游戏结束，大家记住了小组中哪些同学的名字。

2. 第二轮活动：了解朋友——颜色连接你我他。（活动时间10分钟）

只知道名字还不够，我们还要了解朋友的爱好。

（课前发颜色卡片，以全班20个人为例，同色两张为1对，准备10对。）……

小组活动：找到和你所持卡片颜色一样的同学。和他相互交流爱好、特长等信息，让你的伙伴更加了解你。

全班交流：说一说刚才和你所持卡片颜色相同的同学的名字是什么，他喜欢做什么等，以加深同学之间的了解和沟通。

3. 第三轮活动——画画朋友——让我记住你。（活动时间10分钟）

相信大家肯定都有了新的朋友了，下面让我们画出他的样子，然后送给他，作为友谊的见证吧！

小组活动：每个人发一张白纸，画出你认识的新朋友，并且在下课后送给他。

课堂小结：今天大家认识了很多新朋友，希望在以后的相处中，我们还能认识更多的朋友！我们在与朋友相处的过程中要多一分友善，多一分宽容，多一分理解，多一分信任，这样我们的小学生活才能丰富多彩！

注意事项

1. 唱歌的时候要控制节奏和速度，不要越来越快。

2. 在活动时要注意学生习惯的培养，大声表达自己的看法，坐姿要端正，举手姿势要规范，讨论时应控制音量等。

3. 画朋友如果没有画完不用着急，可以拿回家慢慢画。下一节课送给朋友也可以。

活动卡片

范例：

（北京市朝阳区白家庄小学鲁祎萌老师执笔）

二年级

16 学做"快乐鸟"
——传气球

▎活动简介▎

本活动是《学做"快乐鸟"》一课的导入环节,利用传气球的活动营造课堂氛围,激发学生的学习兴趣,在比赛结果有输有赢的基础上,体验快乐和不快乐的情绪,为学生学会分析情绪、探讨改善情绪的方法,成为一只"快乐鸟"奠定基础。

内容版本:统编版小学《道德与法治》教材。

活动时长:10分钟。

工具材料:

1. 每组一个气球。
2. 板贴图片。

▎前期准备▎

1. 课前进行学情调查和家长调查。问卷如下:

学生问卷

(1)同学们,在生活中,令你最高兴的事是什么?能简单写一写或画一画吗?

（2）同学们,在生活中你遇到过令自己不快乐的事吗?能简单写一写或画一画吗?每当这个时候你会做些什么呢?

家长问卷

尊敬的家长：

您好！

为了帮助学生学习化解消极情绪，乐于积极愉快地生活，道德与法治课特别安排了《学做"快乐鸟"》一课。为了增强教学的实效性，切实解决学生成长中的真问题，特向您了解孩子在生活中的真实表现，希望得到您的帮助！本次调查不记名，还望您如实相告，如果有需要特别关注的地方，您也可以私信我，我会利用课程契机，尽力帮助孩子。再次真诚地感谢您的支持！

（1）您的孩子在家的情绪是（　　）。

　　A 快乐多一些

　　B 不快乐多一些

（2）大多会因为什么不快乐？

（3）当孩子有不快乐的情绪时，家庭成员持什么态度，是怎么做的？

（4）在您看来，孩子是否具有主动调节情绪的愿望？请举例说明。

（5）通常，多长时间您的孩子情绪会好转？

2. 按小组数量准备相应数量的气球。

3. 板贴画。

4. 用作奖励的"快乐梦想花"。

实施步骤

1. 以30个学生为例，把学生分成6个小组，每组5人。

2. 教师引入：同学们，你们喜欢做游戏吗？今天我们一起来做一个"传气球"的游戏。

3. 教师讲解规则：

传气球：每组将气球从第一桌向最后一桌传去，看哪组最快！最快的一组每位成员将会获得"快乐梦想花"一朵。比赛过程中不可以离开座位，气球如若中途掉到地上，也算失败。

4. 学生进行游戏。

5. 教师宣布游戏结果。

6. 教师提问：游戏结束了，老师采访采访同学们吧！大家现在的心情怎么样？

7. 教师分析学生的回答：

（1）快乐的心情（教师板贴：🐤）。

教师追问：为什么是这样的心情？

学生发表自己的看法。

教师小结：看来，达成了我们的愿望，实现了我们的目标，会让我们心情愉快。

（2）不快乐的心情（教师板贴：🐤）。

教师追问：为什么是这样的心情？

学生回答。

教师小结：输掉游戏不是我们想要的结果，所以有的同学不开心。

8. 教师总结：看来，在游戏中，我们有输有赢，有同学快乐，有同学不快乐。

注意事项

1. 不同的教学班学生的情绪会有不尽相同的表现，因此，课前一定结合本教学班情况进行学情调查，以此了解学生平时的情绪状况，发现学生快乐和不快乐的缘由，确定此活动是否适用于本教学班。

2. 活动开展过程中，注意安全，气球不要吹得过大。

3. 对于取胜的小组给予适当的奖励，更有助于营造课堂氛围。

4. 奖励物品可根据学校或教学班奖励机制自行设定。

5. 输掉游戏的小组产生不快乐的情绪时，教师不要急于安抚，以免扰乱后面的教学节奏。

6. 在学生交流心情的时候，教师的评价语应关注学生此时的情绪，不要急于做出价值导向方面的引导，以免影响后面学生的反馈。

7. 注意关注学生生成，根据课堂生成情况灵活调整课堂教学。

活动卡片

（北京大学附属小学石景山学校马伟丽老师执笔）

17 我们还在玩的传统游戏

活动简介

本活动源于《我们还在玩的传统游戏》的教学内容，旨在引导学生体会传统游戏的历史性和文化性，通过引导学生为同一游戏内容不同历史时期的图片进行排序，探究传统游戏的历史根源及发展。

> 内容版本：统编版小学《道德与法治》教材。
> 活动时长：10分钟。
> 工具材料：每位同学三个小信封，分别放入竹马、斗百草、足球游戏不同发展时期的图片，在信封上标记上"1、2、3"的数字。

前期准备

1. 教师根据学生人数准备相应数量的竹马、斗百草、足球传统游戏的图片，分别装入三个信封，在信封上分别标注"1、2、3"的数字。

2. 三个信封内的游戏图片如下。

信封1：竹马。现在孩子玩的竹马游戏图、古代孩子玩竹马游戏图、古代骑马打猎图。

信封2：斗百草。斗百草（拔根儿）游戏图、端午节插艾草包粽子图、群婴斗草图。

信封3：踢足球。现代足球比赛图、古代孩子们踢球图、蹴鞠游戏训练士兵图。

3. 教师准备好投影设备。

实施步骤

1. 请学生打开标记数字"1"的信封，拿出三张图片，根据自己的观察，说

一说这是什么游戏。（竹马）

2. 图片排序：学生根据自己的理解将图片中的游戏按照其发展演变的进程进行排序。请1~2名学生在投影设备前展示自己的排序结果，并说明理由。

3. 全班交流：根据正确的排序结果，探索游戏的由来。

4. 小结：根据同学们的推理，我们发现了竹马游戏最初是古时候孩子模仿大人打猎的场景而创造的，现在玩的竹马游戏所用的"竹马"材质不都是木制的，也有用塑料来代替的，并且玩法上也多以竞赛为主。竹马游戏虽然从材质和玩法上都有着不同的变化，但是仍然没有失去最初竹马游戏的特点。

5. 请学生打开标记数字"2"的信封，拿出三张图片。

6. 提问：根据自己的观察，说一说这是什么游戏。（拔根儿，学名斗百草）

7. 教师根据学生的回答进行引导，全班同学共同交流，从哪幅图中发现了斗百草游戏的由来。

8. 学生找出粽子图片到投影仪前展示。

9. 教师肯定学生的推测，斗百草游戏来源于端午节的传统习俗。

10. 教师引导学生观察群婴斗草图，并说说自己的发现。

11. 小结：你们有一双善于发现的眼睛，并且经过认真思考发现了群婴斗草图中讲述的是古时候端午节孩子们会把草编成草绳挂在身上，驱虫祈福的习俗。这一天孩子们都会上山采草，在上山采草的过程中，就出现了拔草的较量，继而衍生出了斗百草的游戏。直到现在，很多地方也在延续着"端午斗草"的节令游戏。

12. 请学生打开标记数字"3"的信封，拿出三张图片，说一说这个游戏的名字，现在叫什么，古时候叫什么。（足球、蹴鞠）

13. 学生根据自己的理解将图片中游戏按照其发展演变的进程进行排序。找1~2名学生到投影设备前展示自己的排序结果，并说出理由。

14. 全班交流：游戏的由来是什么？

15. 小结：同学们推测得非常有道理，的确像你们所说，古代的蹴鞠与军事有关联。其实蹴鞠最早出现在几千年前的战国时期，它是士兵进行军事训练的项目，经过孩子们的模仿，成为他们喜爱的踢球游戏。随着时代的变迁，足球的材质与用途都发生了变化，现在它成了一项全民体育运动，更是全世界人民都喜爱的体育竞赛项目。

16. 提问：我们刚才一起探究了一些游戏的起源，大家有什么新的发现？

17. 总结：同学们动脑思考、善于探究的品质让我们深入挖掘到了传统游戏的悠久历史，体会到了蕴含其中的祖先们的聪明与智慧。

注意事项

1. 提前将卡片放入准备好的信封备用，上课时让学生按要求打开信封。
2. 准备好投影设备，学生交流时便于展示和说明。
3. 关注学生的回答，适时进行引导，肯定学生的发现或推理。

活动卡片

1号信封："竹马"三张图。

2号信封："斗百草"三张图。

3号信封："足球"三张图。

（北京市石景山外语实验小学分校王月老师执笔）

18 纸的诞生记

活动简介

学生对造纸的过程知之甚少，对造纸过程中产生的污染也缺乏了解。在"纸的诞生记"这一活动中，教师引导学生通过对造纸过程进行排序，大致了解造纸的过程及其对环境产生的影响，进而懂得节约用纸。

内容版本：统编版小学《道德与法治》教材。

活动时长：10分钟。

工具材料：

1. 教师：一份大的造纸过程卡片（A4纸大小），背面贴好磁力贴。

2. 每个小组：一份造纸过程的卡片、一张纸的诞生记底板（A4纸，上面按卡片大小在对应位置用小刀划开9条线，并写上数字1—9）。

3. 教师提前准备好教学用具。

前期准备

1. 教师对学生进行分组。

2. 制作造纸过程的卡片5份。

3. 教师提前准备好一段背景音乐，插入教学PPT中。

4. 教师制作教学PPT时，要将造纸厂污水处理系统和废气处理系统的图片插入PPT中。

实施步骤

1. 以35个学生为例，把学生分成5个小组，每组7人，围坐在桌子周围，便于小组活动。

2.（教师通过提问引导学生借助已有的生活经验思考纸的生产过程）提问：

纸是怎么被生产出来的呢?

3.教师根据学生回答,出示相关步骤的卡片并简单介绍其作用。

4.教师借助卡片补充介绍剩余的造纸步骤、名称,使学生对造纸的步骤以及相应的名称具有初步的了解。

5.(教师引导学生进行活动)引导:请大家借助自己的生活经验,开动脑筋、用心思考,完成"纸的诞生记"。(播放教学PPT中的背景音乐)

6.学生交流讨论并将卡片插入相应的位置,教师巡视指导。

7.(停止教学PPT中的背景音乐)小组交流活动成果。

8.教师根据学生的回答进行引导,全班共同交流,在全班意见一致的情况下将造纸步骤的卡片贴在黑板上。

9.造纸步骤都贴完后,教师用"箭头"将这些步骤按顺序连接起来,完成"纸的诞生记"。

10.(教师通过提问,引导学生谈活动体会)提问:这只是造纸的几个大的环节,在每一个环节里面还有很多小的环节呢,现在大家有什么体会?

11.(教师通过提问,引导学生观察造纸过程,关注造纸过程中对环境产生的污染)提问:纸的诞生要经过这么多的步骤,真是来之不易。其实造纸不仅仅有这么多步骤,其过程与环境还有密切的关系呢!请大家仔细观察造纸步骤,有什么发现吗?

12.(教师引导学生体会造纸过程中对环境产生的污染)引导:针对水污染和空气污染,人们在造纸厂设立了污水处理系统和废气处理系统,污染物经过处理之后再排放,从而最大限度地降低了对环境的污染。(出示污水处理系统和废气处理系统图片)

13.(教师通过提问,引导学生思考节约用纸的意义)提问:现在大家有什么想法吗?

▍注意事项

1.活动未开始的时候,请学生把卡片和"纸的诞生记"纸板收好,放到固定位置,以免干扰前面环节的教学。

2.引导学生在背景音乐响起时开始活动,音乐结束时结束活动。

3.在学生交流已知的造纸步骤时,学生每说出一个步骤的名称,教师要介绍这个步骤具体的过程,使学生对造纸过程的每一步都有大致了解。(剥去树皮:

燃烧树皮，产生动力；切片：使木头变得更小，便于下一步的操作；制浆：木片进入蒸煮器之后，加入大量的化学原料，就变成了本色纸浆；漂白：本色纸浆是什么颜色？和我们平常用的纸有什么区别？为了得到现在的纸，要再加入化学制剂进行漂白，提高纸浆的白度和亮度；脱水：漂白过后的白色纸浆是怎样变成纸的呢？经过脱水这一环节，能脱去纸浆中绝大部分的水分；干燥：让纸张变得更加干燥，更加柔韧。）

4. 全班交流小组活动成果时，学生每说出一个步骤，教师将相应步骤的卡片贴到黑板上并介绍相关步骤的作用。

5. 学生在造纸步骤出现分歧时，教师引导学生把出现分歧的几个步骤都说出来，然后分别告知这几个步骤的具体作用，再由学生进行思考和判断，得出结论。

6. 在制作造纸过程的卡片时，将造纸过程中产生的污染（水污染和空气污染）体现在卡片中，目的在于引导学生借助自己以往的经验，开动脑筋、认真观察，自己发现造纸过程中产生的污染。

7. 教师注意时间和纪律的把控。

▎活动卡片▎

范例：

砍伐树木	将木材运到造纸厂	剥去树皮
切片	制成纸浆	漂白
脱水	干燥	切成更小的纸

（北京大学附属小学石景山学校邱知老师执笔）

19 神奇的"调音板"

活动简介

神奇的"调音板"活动主要分为两个阶段：第一阶段，开展三次读课题的体验活动，引导学生明白在公共场所要根据不同场合、不同需要调节自己音量的道理；第二阶段，通过实践活动，引导学生掌握声音文明的具体方法。

内容版本：统编版小学《道德与法治》教材。

活动时长：10分钟。

工具材料：

1. 教师：一个音量调节板、若干磁力扣。

2. 每个小组：一个音量调节板（A3纸大小）、一份不同场景的卡片、一个胶棒。

3. 教师提前准备好教学用具和投影设备。

前期准备

1. 教师对学生进行分组。

2. 制作不同场景（饭店吃饭、个人发言、早读、图书馆、公园、电影院、医院、公交车）的卡片5份。

3. 教师制作教学PPT时，要将饭店吃饭、个人发言、早读、图书馆、公园、电影院、医院、公交车的场景图片插入PPT中。

实施步骤

1. 以35位学生为例，把学生分成5个小组，每组7人，围坐在桌子周围，便于小组活动。

2. 教师将音量调节板贴到黑板上并向学生介绍。（这是一块白板，上边有一个彩色的弧形，左边的这片区域是绿色的，我们用它来形容小声；中间的这片区域是渐变色的，我们用它来形容中等音量的声音；右边的这片区域是红色的，我们用它来形容大声。下面的这个指针是可以拨动的，我们就把它叫作音量调节板吧！）

3.（将指针拨到大声）教师引导全班大声齐读课题。

4.学生大声读课题并谈感受。

5.（将指针拨到中等音量）教师引导学生用中等音量齐读课题。

6.学生用中等音量齐读课题并谈感受。

7.（将指针拨到小声）教师引导学生小声齐读课题。

8.（教师通过提问引导学生思考）提问：你认为全班齐读的时候用哪种音量更合适呢？为什么？

9.（拨动音量调节板的指针）教师引导小组用大声、中等音量和小声齐读课题。

10.（教师引导学生思考）提问：小组齐读的时候用哪种音量更合适呢？为什么？

11.（拨动音量调节板的指针）教师请一位同学用三种音量读课题。

12.（教师引导学生思考）提问：如果自己读课文，使用哪种音量更合适？为什么？

13.（教师通过提问，引导学生谈活动体会）提问：通过刚才的亲身体验，你懂得了什么道理呢？

14.（教师引导学生思考原因）提问：我们在公共场所的时候，不管是学习还是工作，都应该根据需要选择合适的音量。为什么呢？

15.（教师引导学生关注不同的公共场所）引导：我们来看看下面的场景。（播放教学PPT中的场景：饭店吃饭、个人发言、早读、图书馆、公园、电影院、医院、公交车）

16.（教师引导学生开始小组活动）引导：怎样根据不同场合、不同需要调节自己的音量呢？现在请小组拿出你们的音量调节板，为这些场景找到合适的音量吧！

17.小组活动，教师巡视指导。

18.小组派代表拿着音量调节板上台，通过实物投影与全班分享小组成果并说明这样选择的理由。

19.教师将小组的音量调节板用磁力扣贴在黑板上。

20. 小结：在不同的场合，根据不同的需要来调节自己的音量，有的时候需要声音轻一点、小一点，有的时候需要声音稍微大一点。

注意事项

1. 活动未开始的时候请把音量调节板背面朝上扣在桌子上，以免干扰前面环节的教学。

2. 在全班、小组和个人读课题时，可让学生到讲台拨动音量调节板的指针，以此提高学生的参与热情，对大、中、小音量有更为直观的感受。

3. 在学生小组活动的过程中注意引导学生说明选择的理由，目的在于引导学生初步体会蕴含在"公共场所中调节音量"这一行为中的规则意识与责任意识，并且为随后的集体分享做准备。

4. 在利用实物投影进行全班交流分享时，选择两到三组的学生代表即可，这几名同学为同一场景选择的音量要体现差异，这样才更加符合学生的生活实际，才能更好地拓宽学生们的思路。

5. 学生的回答没有固定答案和对错之分，只要符合既满足自己的需要又不打扰他人的原则即可。

6. 教师注意时间和纪律的把控。

（北京大学附属小学石景山学校邱知老师执笔）

20 周末巧安排

活动简介

在"周末巧安排"活动中,学生将周末要做的事情进行排序,然后进行交流分享并说明理由,在此过程中感悟到计划周末要巧安排的道理,即安排周末的时候要做到重要的事情先做,劳逸结合。

> 内容版本:统编版小学《道德与法治》教材。
>
> 活动时长:10 分钟。
>
> 工具材料:
>
> 1. 每名学生提前将自己周末要做的事情制作成卡片。
>
> 2. 每名学生要有一张带有插口的 A4 纸,便于插入卡片。
>
> 3. 教师提前准备好投影设备。

前期准备

1. 学生在活动前已经懂得了安排周末的时候要先做重要的事情以及劳逸结合的道理。

2. 课前请家长帮忙,把学生本周末要做的事情制作成卡片。

3. 教师提前准备好一段背景音乐,插入教学 PPT 中。

4. 教师对学生进行分组,学生两人一组,坐在一起。

5. 每位学生的桌面上都放着一张带有插口的 A4 纸和自己的周末卡片。

实施步骤

1. 教师给学生分组,两人一组,坐在一起。

2.(教师引导学生对自己的周末进行安排)引导:同学们可真棒,已经懂得怎么安排周末了,之前,老师请你们把周末要做的事情做成了卡片,那么你会怎

样安排你的周末呢？请你试一试吧！（播放教学 PPT 中的背景音乐）

3. 学生活动，将卡片按照自己的安排插到 A4 纸上，教师巡视指导。

4. 学生完成后与同桌交流自己的安排并分享理由。

5.（停止教学 PPT 中的背景音乐）学生将自己的周末安排拿到讲台上，利用实物投影在全班面前分享并说明自己这样安排的理由。

6. 教师根据学生的回答进行引导和评价。

预设一：学生的安排能够体现先做重要的事情和劳逸结合的原则。

提问：你为什么这样安排？

评价 1：你把你认为重要的事情安排在了前面，可见上一节课老师讲的内容你记在心里了。

评价 2：学习一会儿，休息一会儿，这就是我们上一节课所说的——劳逸结合。

预设二：学生的安排不能体现重要的事情先做和劳逸结合的原则。

（1）引导：有的同学皱眉了，你想说什么？

（2）提问：那应该怎样做？

（3）追问：为什么要这样做呢？

7.（教师引导学生进行总结）提问：你们说说，我们怎样安排周末的事情才好呢？

8. 全班交流反馈。

9. 小结：我们在制订计划的时候，重要的事情要安排在前面，另外还要劳逸结合，这就叫巧安排。

10.（教师引导学生再次审视自己的周末安排）引导：那现在看看你的安排是不是巧安排呢？请你和周围的小伙伴交流一下，并且把你这样安排的理由说一说吧！

11. 学生再次审视自己的周末安排，并对自己的周末安排进行调整。

12. 学生将调整后的周末安排与同桌交流并说明理由。

▍**注意事项**▍

1. 由于学生年龄较小，自主安排周末的能力较为欠缺，所以需要得到家长的支持，帮助学生将这个周末要做的事情进行梳理，做成卡片。

2. 卡片的内容要来自学生的真实生活，具有可操作性，避免凭空想象。

3.活动未开始的时候，请学生把卡片和A4纸收好，放到固定位置，以免干扰前面环节的教学。

4.引导学生在背景音乐响起时开始活动，音乐停止时结束活动。

5.在学生与同伴分享的过程中，注意引导学生说明这样安排的理由，目的在于引导学生将自己内心的想法转化为语言表述，这一过程是对自己周末安排的回顾和反思，是对学生言语逻辑能力的训练，也是为集体分享做准备。

6.在利用实物投影进行全班交流分享时，选择两到三名同学即可，这几名同学的周末安排要体现差异性，这样才能更好地拓宽学生们的思路。

7.学生的回答没有固定答案和对错之分，只要周末安排符合先做重要的事情和劳逸结合的原则即可。

8.活动完成后，请学生将自己的A4纸收好，放到固定位置，以免影响下一环节的教学。

| 活动卡片 |

范例：

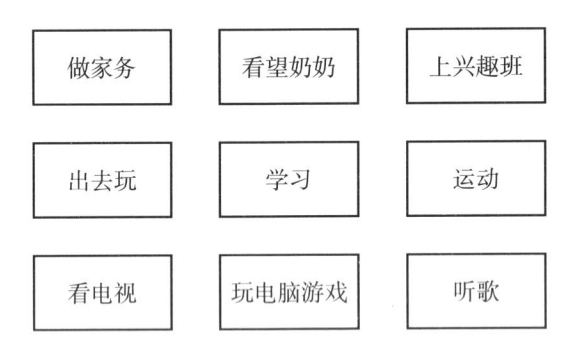

做家务	看望奶奶	上兴趣班
出去玩	学习	运动
看电视	玩电脑游戏	听歌

（北京大学附属小学石景山学校邱知老师执笔）

21 汇聚小水滴

活动简介

"汇聚小水滴"这一活动,旨在引导学生懂得节约水就是节约资源,就是保护环境,明白积少成多,办大事的道理。

内容版本:统编版小学《道德与法治》教材。

活动时长:8分钟。

工具材料:

1. 一个玻璃鱼缸。

2. 一条小金鱼。

3. 一些水草。

4. 学生收集水龙头一分钟滴的水。

前期准备

1. 一个玻璃鱼缸。

2. 一条小金鱼。

3. 学生收集水龙头一分钟滴的水。

4. 针对学习内容,课前调查了解学生。

5. 学生填写课前调查问卷。

实施步骤

1. 师谈话:上课前,大家收集了一分钟水龙头滴的水,快拿出来再看看,说一说此时此刻你有什么想法。

2. 学生:一分钟滴的水真少;一分钟滴的水不够一次喝的;用处不大……

3. 师出示鱼缸:

4. 师引导：现在请同学们按照顺序，把自己收集到的一分钟滴的水，全倒在前面的玻璃缸里。

5. 学生：一个接一个把自己收集的水倒在玻璃缸里。

6. 师引导：当所有的同学把自己收集的水倒在鱼缸里以后，老师把一条小鱼和一些水草，倒在全班收集的水里。

7. 师提问：你们又发现了什么？

8. 学生：没有想到我们每个人收集的一点点水聚集在一起，能养活小鱼，会有这么大的作用。

9. 师谈话：短短的一分钟时间，我们班每位同学收集的水，就能有这么大的作用。二年级有 5 个班，如果把大家收集的水放在一起会怎样呢？

10. 学生：会养几条小鱼吧；会煮一锅汤；能浇很多花……

11. 师引导：如果全校 30 个班的学生把收集到的水全聚集在一起呢？

12. 学生：那能做更多的事情，例如：大约够我们一个家庭一天的生活用水，能够给一片绿地浇水，能养一大缸鱼……

13. 师出示图片。

14. 师谈话：工作人员对滴水进行过准确的测量，滴水一小时可以收集的水，相当于我手里的这个饮料瓶2瓶，一个月可以收集到大约1500瓶左右。

15. 师提问：了解了这些信息以后，你又明白了什么？

学生：一滴一滴的水汇聚起来，能汇聚成很多水，这么多水的用处就更大了。

16. 师提问：节约了水资源，我们的环境可能会出现什么变化？

总结：汇聚小水滴，节约每一滴水，节约用水从点滴小事做起，积少成多，可办大事。

注意事项

1. 组织学生汇聚小水滴的过程，注意引导学生观察鱼缸里水的变化。
2. 启发学生联系生活思考。
3. 收集的水下课不要直接倒掉，可以放在教室里用来养小鱼。

（北京市石景山区银河小学杨素英老师执笔）

22 牵着秩序的"手"

活动简介

牵着秩序的"手"活动是教师为了引导学生懂得生活中需要排队，逐步养成自觉排队的好习惯而设计的教学活动。让学生明白在公共场所，每个人都有责任自觉排好队。

内容版本：统编版小学《道德与法治》教材。

活动时长：8分钟。

工具材料：

1. 准备红色绳。

2. 红色绳剪成一定的长度。

3. 用红色绳编制中国结。

前期准备

1. 编制中国结，每人一份。

2. 课前准备好实物投影设备。

实施步骤

1. 教师引导：上课前，老师特意给每个同学编制了一个中国结，老师把它当作礼物送给大家，同学们可以过来拿一下。

2. 学生自由地到讲台上去拿中国结。

3. 师：仔细观察同学们在拿的过程中的具体表现。

4. 学生拿完中国结，回到自己的座位上。

预设：

（1）拿得不顺利。

师提问：刚才大家拿得顺利吗？有谁拿得不顺利吗？有什么感觉？

学生：不顺利，太挤了，都撞着我了……

师提问：谁故意挤别人了，请举手？

（学生无人举手）

师引导：奇怪了！教室里就这些同学，在拿中国结的时候，同学们没有一个人故意挤别人，但是很多同学都感到了特别挤，现在我们一起来分析分析，刚刚拿礼物的时候，为什么那么多同学都感到不顺利？

学生：心里就想着拿礼物，不小心挤到了别人……

师引导：老师相信刚刚没有人故意挤别的同学，就是想早点拿到礼物，那么很多人都感到了拥挤，为了避免再次出现这样的情况，以后应该怎么办呢？

学生：排队。

师引导：××同学说排队，大家同意吗？

学生：同意。

师提问：为什么要排队呢？

小结：在生活中，如果排队就会享受到安全、有秩序、美好的生活，看来还是排队好！

师提问：没人组织的时候怎么排队呢？

学生：先来的人，排在前边；后来的人，排在后边，不要往前挤。

总结：自觉地按照先来后到的顺序排队，大家守规则，生活才会和谐有序。

（2）拿得顺利。

师引导：拿得顺利吗？为什么这么顺利？

学生：我有意识地排队了。

师提问：还有谁有意识地排队了？

（学生举手示意）

师提问：说说你为什么有意识地排队呢？

学生：这样做，大家拿的时候不会出现拥挤的现象。

师引导：请你讲一讲生活中见到的排队的现象。

学生介绍自己看到的排队现象。

师提问：透过这些现象你发现了什么？

总结：看来我们在生活中还是要牵着秩序的"手"，这样才会更快乐！

注意事项

1. 把中国结放在方便学生拿的位置。

2. 在学生拿的过程中,教师随时观察学生,防止因为拥挤出现踩踏现象或者其他意外事故。

(北京市石景山区银河小学杨素英老师执笔)

23 瓶口托球

活动简介

"瓶口托球"活动是教师为引导学生感知排队的必要性而设计的教学活动。只有每个小组成员在游戏过程中,将瓶子中的球排队按顺序拽出,并按照指定轨道将所有小球托运送到终点位置,才能取得小组胜利。若有一位组员没有排队意识,在游戏中争抢位置,就会导致整个游戏失败。活动旨在引导学生认识到排队是具有文明素养、公平意识、安全意识及遵守公共秩序的表现。

内容版本:统编版小学《道德与法治》教材。
活动时长:10分钟。
工具材料:
1. 准备三个大小相同、仅够一个小球通过瓶口的瓶子,最好是不透明的。
2. 准备塑料材质的小球运行轨道,并标记终点位置。
3. 将每个小球拴一根线,球放置在瓶内,线放置在瓶口外。

前期准备

1. 准备三个大小相同、仅够一个小球通过瓶口的瓶子,尽可能选择不透明的瓶子。
2. 准备塑料材质的小球运行轨道,可用半个塑料瓶代替,标记终点位置。
3. 准备与班额相同数量的小球,每个小球拴一根线,放入瓶中。
4. 依据班额,将全班分为三个组或若干小组。
5. 准备一个计时器。

实施步骤

1. 教师引导:全班分为三组进行游戏,将瓶子中的球拽出来,并按照指定轨道，将所有小球托运送到终点位置，看看哪个小组最先成功。

2. 教师计时。

3. 教师提问：通过刚刚的游戏体验，你们有什么感受吗？

追问：谁能说说你们发现的问题？（学生交流）

追问：你有什么好办法吗？（板书：排队）

4. 教师引导学生再次进行游戏体验。

5. 教师提问：根据计时数据显示，对比两次时间，你们发现了什么？

6. 教师追问：通过刚刚的游戏，大家用行为表达了排队很重要，能结合自己的生活，说说理由吗？

7. 教师小结：能够结合生活感知排队是具有文明素养、公平意识、安全意识以及遵守公共秩序的表现，真好！

（北京市石景山外语实验小学李晓晨老师执笔）

24 我们一起剥豆子

│活动简介│

"我们一起剥豆子"活动是教师引导学生主动做力所能及的家务活,体验其中的乐趣,获得成就感,从而主动承担家务,为家庭尽责。每个同学以小组为单位进行剥豆子比赛,通过活动过程中同学间的相互学习,提高自身动手能力,为父母分担家务。

> 内容版本:统编版小学《道德与法治》教材。
> 活动时长:10 分钟。
> 工具材料:
> 1. 准备两个容器,一个装待剥的豆子,一个装剥好的豆子。
> 2. 准备需要剥的青豆或毛豆,放在其中一个容器里。
> 3. 准备垃圾袋,收集剥下来的豆子皮。

│前期准备│

1. 将全班学生进行分组,每组 4~6 人,围坐在课桌旁。
2. 每一组准备半斤左右的青豆或毛豆,可以由学生从家里带来,也可以由老师提前准备,放在每一组课桌的中间位置。
3. 将两个容器分别分发给每一个学生,并发放一个垃圾袋。

│实施步骤│

1. 教师引导:同学们,你们看桌子的中间有什么?对,就是青豆!今天我们各个小组来一场"我们一起剥豆子"的比赛,好不好?看看哪一组的同学剥得又快又好!你们准备好了吗?
2. 教师介绍游戏规则:每一组的同学通力合作,将本组的豆子剥完放在容器里，哪组用时最短，哪组就是胜利者；剥完豆子之后要将本组剥的豆子皮收拾干净。

3. 小组长将豆子分给组员，学生将豆子放在一个容器中。

4. 师：各组准备好了吗？开始！

5. 学生开始剥豆子。教师巡视，观察每组学生的完成情况并计时。

6. 班级中有一半小组完成即可开始交流分享。

7. 经验的分享与总结。

（1）速度最快——教师提问：刚刚哪一组完成得最快？你们能和同学们分享一下经验吗？

学生分享交流。

追问：你们现在有什么感受？

教师小结：哦，你们真能干！原来大家都积极主动，不会剥的同学还主动向会剥的同学请教方法，才这么快完成的啊！你们可真棒！从你们脸上的喜悦，老师看出来你们很高兴。你们个个都是"剥豆子"小能手，这与平日里在家主动做家务分不开。

（2）速度最慢——师：老师看到，我们其中一组的同学还没有剥完所有的豆子，现在也请你们说一说为什么没有完成任务。

学生分享交流。

教师小结：哦，原来这组同学有几位不会剥豆子，也没有向其他同学请教方法，所以就慢了一些。没关系，一会儿请剥的最快的那一组帮助你们，也要学会方法哟！希望你们学会之后，回家多多练习，帮助家人分担，老师相信你们一定行！

教师总结：别看这一颗小小的豆子，还真是不好剥呢！今天，同学们通过这个游戏，相互学习了剥豆子的方法，你们还主动将豆子皮放进了垃圾袋。老师希望你们回到家之后，多多帮助家里人做一些力所能及的家务活，你们真的很棒！

注意事项

1. 教师在活动中要及时鼓励那些剥得不太熟练的孩子向剥得好的孩子请教，增强他们的自信心与参与感。

2. 整个过程中，每一组剥的豆子的干净整洁程度也要作为一项重要的评比标准。

3. 教师在巡视过程中要适时提醒每一个学生都参与活动。

4.容器最好选择两种不同的颜色，方便学生投放；最好是金属或塑料制品，防止学生摔碎。

5.活动前要选好组长，活动分组时要关注男女生比例。

（北京市石景山区水泥厂小学冷晶艳老师执笔）

25 废物探宝

活动简介

"废物探宝"活动分成两个阶段：首先在"哪里是我的家"活动中，开展物品垃圾分类活动，经过思考分辨，使学生找到各类物品需要投放的垃圾筐，将物品图片拖拽到相应的垃圾筐内；对物品进行正确的分类后，再进行"废物探宝"的制作活动，在活动过程中，学生发现可回收垃圾中物品的使用价值，懂得垃圾分类的益处。

> 内容版本：统编版小学《道德与法治》教材。
> 活动时长：12分钟。
> 工具材料：
> 1. 分类垃圾桶图片4张，可分类的物品图片若干。
> 2. 物品准备：报纸、纸盒、矿泉水瓶、易拉罐、毛巾、牛奶盒、小木条、杂志纸、彩纸、剪刀、胶棒、透明胶条、双面胶、彩笔。

前期准备

分组：将30名学生分成5组，每组6人，选出各组组长。

物品准备：

（1）可回收垃圾、厨余垃圾、有害垃圾、其他垃圾的分类垃圾桶图片4张，活动中用于垃圾分类的物品图片若干。

（2）报纸、纸盒、矿泉水瓶、易拉罐、毛巾、牛奶盒、小木条、杂志纸、彩纸、剪刀、胶棒、透明胶条、双面胶、彩笔。

实施步骤

1. 第一步"哪里是我的家"活动，出示需要分类的物品图片，请4名同学上前，把各种物品图片进行分类，并分别拖拽于可回收垃圾、厨余垃圾、有害垃圾、其他垃圾4个垃圾桶中。

提问：你能说一说这样分类的理由吗？同学们，你们同意这样的分类方式吗？全班同学展开讨论，发表见解。

小结：可回收的垃圾主要包括废纸、塑料、布料等。厨余垃圾是食品类的废物，有害垃圾是废电池、废日光灯管、废水银温度计等，这些垃圾需要特殊安全处理。其他垃圾是难以回收的废弃物，需要采取卫生填埋的方式，可有效减少对地下水、地表水、土壤及空气的污染。

2. 以30名学生为例，学生分成5小组，每组6人。

3. 第二步"废物探宝"，明确活动要求。

（1）老师分发给各组经过分类过的可回收物品。

（2）各组选出组长，小组讨论如何对可回收物品进行二次使用。

（3）以小组为单位对所选择的可回收物品变废为宝，分工合作，开展制作。

（4）对制作的可回收物品进行美化装饰。

4. 学生活动，教师巡视指导。

5. 各小组组长代表全组进行发言，分享变废为宝的物品，发现可回收物品新的作用和价值。

6. 活动小结：垃圾分类有利于资源的循环使用，减少垃圾，节约资源。

注意事项

1. 针对分类后的物品，判断讨论，对分类错误的物品，老师需引导学生辨析原因，最后进行总结。

2. 小组合作开展"废物探宝"环节，激发学生讨论兴趣，小组分工合作，制作可回收垃圾中的物品时，要关注每位同学是否都参与到课堂活动中。

活动垃圾分类桶图片

活动分类物品图片

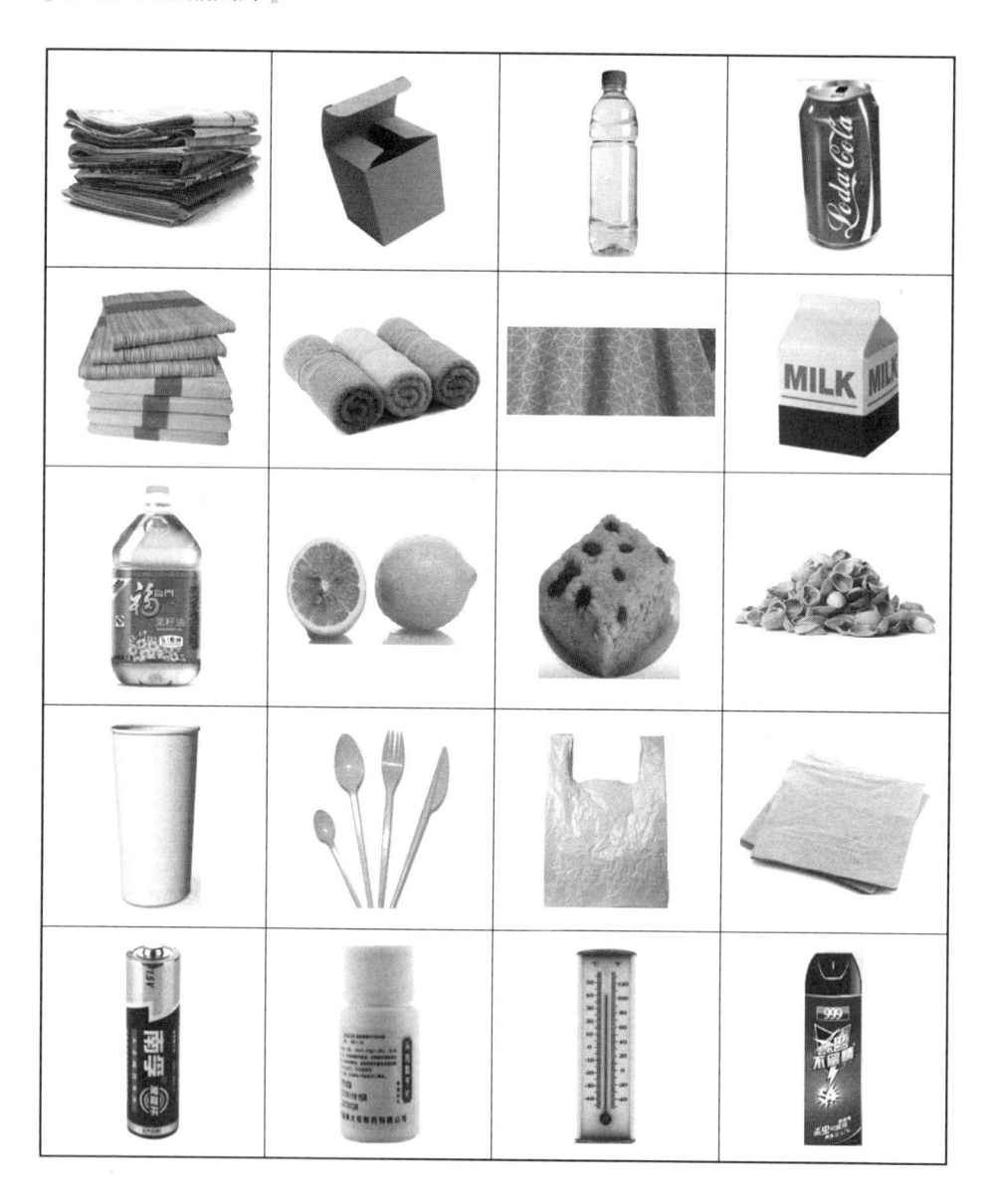

（北京市海淀外国语实验学校孔佳老师执笔）

26 "棋"中懂规则

活动简介

在活动中，先将整个游戏的规则介绍清楚，然后以小组为单位将班级的规则填入各组的棋盘内，最后进行游戏体验。通过"文明棋"这个游戏，进一步强化规则意识，让学生愿意自觉、自愿地制定并遵守班级生活中的各项规则，为他们将来做守规则、讲文明的合格公民奠定基础。

内容版本：统编版小学《道德与法治》教材。
活动时长：14分钟。
工具材料：
1. 每个学习小组有一张活动小棋盘和小棋子。
2. 教师准备一张活动的大棋盘和棋子。

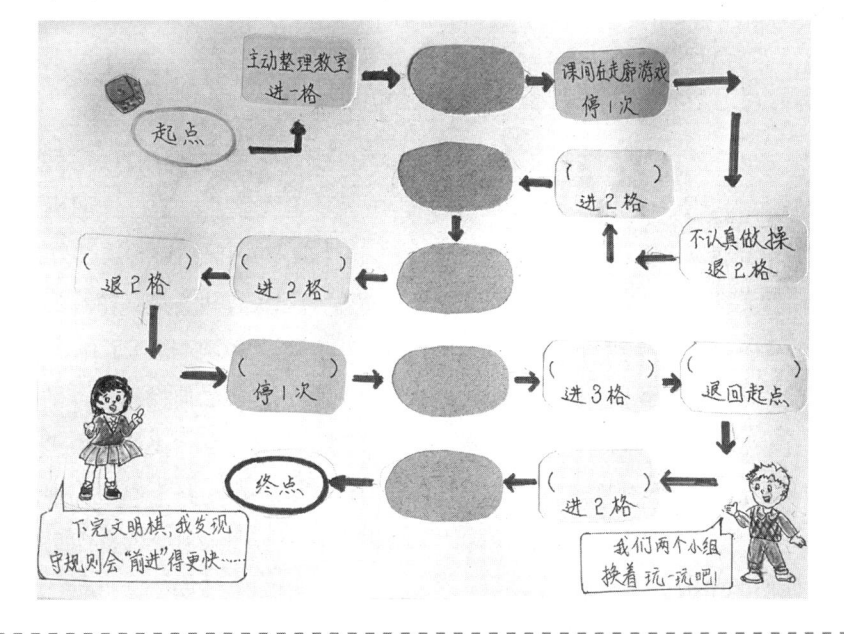

前期准备

1. 教师对学生进行分组，3人一组。
2. 在活动前，教师根据调查结果引导学生制定出班级各项规则。
3. 准备上课使用的教学课件。

实施步骤

1. 以30个学生为例，把学生分成10个小组，每组3人。
2. 任务布置：我们课前分了合作学习小组，请每个组的组长到我这儿来拿一个小的棋盘，看看能不能通过"文明棋"，体会规则的重要性。
3. 教师出示小组学习要求：怎样正确参与"文明棋"这个活动？请先在小组内合作学习，一会儿每个小组派代表发言。活动时间为3分钟。
4. 组长抽取，小组学习。
5. 教师指导学生分小组交流。
6. 课件呈现情境，小组发言，其他组补充。
7. 正式开始体验。

（1）由教师和一位学生演示如何正确操作"文明棋"，以便学生更快地了解游戏规则，顺利开展游戏，通过"文明棋"这个游戏，进一步强化规则意识，让学生愿意自觉、自愿地制定并遵守班级生活中的各项规则。

（2）介绍清楚整个游戏的规则，然后将规则填入棋盘内，让学生以小组为单位先填写好棋盘，同学开始游戏，老师逐组巡视指导。

（3）游戏进行一段时间后，暂停游戏，教师引导学生总结让自己走得更快的秘笈，然后由学生发言，积极探讨，在讨论中，一名同学说："在'文明棋'游戏中，我遵守了游戏规则，就会顺利完成游戏，快速取得胜利。"还有同学说："在游戏中每一步都至关重要，一旦走到后退格子，我就会错失良机，最终输给对方。"

（4）从游戏延伸到生活中，教师再次提问学生从游戏中感悟到了什么。

一名学生说："除了这个棋盘中我们填写的规则，其实如何操作这个棋盘也有规则，在生活中也一样，只有守规矩，才能保护自己的自由和权益，构建更美好和谐的社会。在学校中遵守规则，我们会学习地更好；在马路上遵守规则，我们会很安全；在比赛中遵守规则，比赛才会公平合理……如果每个人都能自觉遵守规则，我们的生活会很和谐。"

另一名学生说:"游戏有游戏的规则,实际生活中处处都是规则,家庭有家庭的规则,学校有学校的规则,国家有国家的规则。我们就生活在规则之中,不遵守规则就会付出代价。"

小结:根据实际情况而定。

注意事项

1. 在指导学生进行活动时,教师要结合生活实际进行指导和拓展。

2. 演示规则:在活动中表现突出者可以奖励一张小奖状,以资鼓励,激发孩子们的创造欲望。

活动卡片

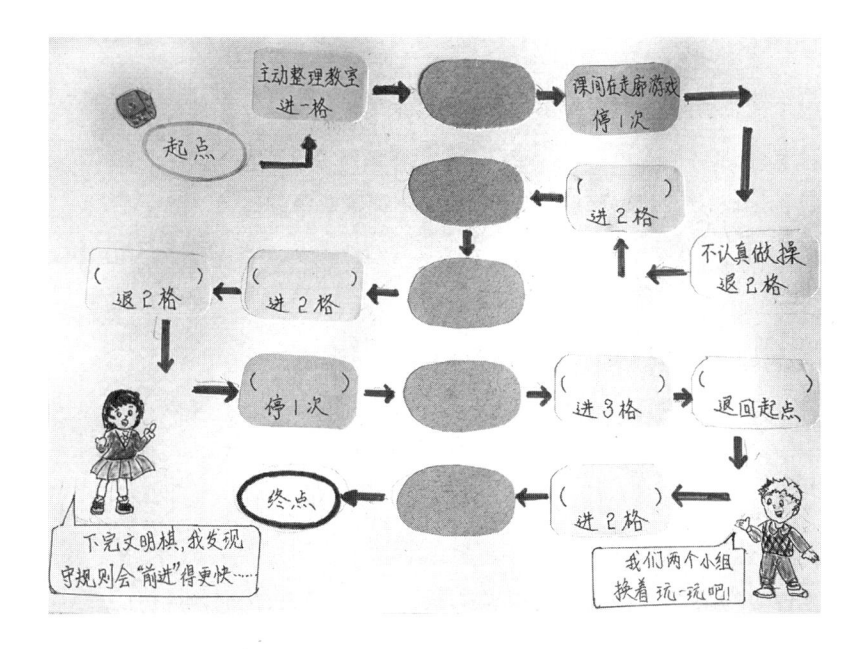

(北京市光明小学李亚梅老师执笔)

27 小小调音师

活动简介

"小小调音师"活动分成两个阶段：首先，学生分三个小组开展挑战赛活动，每组任务不同，比赛结束后，学生发现周围环境吵闹，影响任务的完成速度；在讨论、分析如何能顺利完成任务的方法后，再次进行比赛，帮助学生做好"调音师"，争当文明小学生，营造文明、有序的生活环境。

内容版本：统编版小学《道德与法治》教材。
活动时长：8分钟。
工具材料：2分钟古诗视频、拍手歌、2分钟歌曲视频。

前期准备

1. 分组：将学生分成三大组，每组各选出一位组长。
2. 教具准备：古诗一首、拍手歌、2分钟歌曲视频。

实施步骤

1. 全班分为三大组进行挑战赛，组长抽取任务条。

一组：2分钟背诵古诗。

二组：与同桌练习拍手歌，能做到流利、有节奏。

三组：2分钟听歌曲《去郊游》，统计歌曲中的"小狗汪汪汪"和"小鸟喳喳叫"出现的次数。任务卡片：统计歌曲中小狗和小鸟的叫声出现的次数，每出现一次打一个"√"。

小狗汪汪汪						
小鸟喳喳叫						

2.学生参与活动,教师巡视。

3.时间到,请完成任务的同学举手。

教师提问:

(1)没有完成任务的同学,你们有什么想说的?让学生感受声音大对周围人的影响。

(2)完成任务的同学,听了他们的想法,你们有什么想说的?你们愿意帮助没有完成任务的同学也完成任务吗?

(3)怎样才能不打扰到同学呢?你有什么好方法?

全班同学展开讨论、交流见解。

4.小结:参与活动时,我们可以小点儿声,听到旁边的同学声音大了,可以小声提醒他,也可以用动作提醒他,让我们一起来做"小小调音师"。再来一次,争取这一次每一位同学都能顺利完成任务。

5.三大组重新抽取任务条,再一次尝试挑战,体会完成任务的喜悦和帮助他人的快乐。

6.教师提问:(1)你觉得我们班级在什么情况下特别吵?(2)在这些情况下,我们怎么做能让声音小点儿,当好"小小调音师"呢?

7.总结:安静的环境需要我们每个人去维护,这是一种文明的表现,也是对他人的尊重。在生活中,我们都要争当优秀的"小小调音师",做文明的小学生。

注意事项

1.在挑战赛环节,鼓励每一位学生参与其中,努力完成任务,赢得挑战。

2.第二轮挑战赛结束后,要结合学生自身的生活实际,引导学生多方位思考如何能让声音小点儿,总结出具体的方法,帮助学生在日常生活中做好真正的"小小调音师"。

(北京市海淀区万泉小学张欣欣老师执笔)

28 按秩序排排队

> **活动简介**
>
> 排队是日常生活中经常会遇到的生活事件。教师针对学生在生活中遇到的不同场景不同排队方式的问题,设计了本次活动,旨在通过活动,让学生认识生活中有关排队的标志,知道在公共场所自觉排队是每个人应该遵守的公共秩序。

```
内容版本:统编版小学《道德与法治》教材。
活动时长:10 分钟。
工具材料:任务单、小脚丫贴画。
```

前期准备

1. 分组:学生自由组合,将班级成员分成 5 组,选出各组的小组长。
2. 学生对怎样排队有一定的了解,根据生活实际选出 4 组不同的公共场所。

实施步骤

1. 以 40 个学生为例,将学生分为 5 个小组,每组 8 人,明确各组的小组长人选。

2. 明确小组活动要求。

(1)组长与小组成员一起商量两人在一个场景内排队,将自己的小脚丫贴画贴到对应场景的排队处。贴完后说一说理由。

(2)小组交流时要注意控制音量。

3. 学生活动,教师巡视指导。

4. 各组小组长带着学习任务单到前面进行汇报交流。

5. 全班总结在公共场所排队的方法,明白自觉排队是每个公民都要遵守的秩序。

【注意事项】

1.对学生在活动时出现的问题及时记录,作为课堂中的生成资源,分析问题出现的原因、解决方法,培养学生对问题的沟通和解决能力,提高学生的交际能力。

2.鼓励每个学生在小组内分享自己粘贴位置的理由,目的在于能够将自己内心的想法转化为语言表述,这一过程是对本组内任务分工的回顾和反思,也是对学生言语逻辑能力的训练,可为集体分享做准备。

【活动卡片】

实践活动:第( )小组

1.去银行办事,在哪儿等候?(用小脚丫贴画做出提示) 	2.怎样乘坐扶梯呢?(用小脚丫贴画做出标记) 
3.乘坐地铁时,我们怎样排队等候?(用小脚丫贴画做出标记)  小脚丫贴画: 	4.坐477路在哪儿排队等候呢?(用小脚丫贴画做出标记) 

(北京小学通州分校高明月老师执笔)

29 离开桌椅写写字

活动简介

二年级的学生不缺乏使用公物的经历,但对于什么是公物,怎样爱护公物还没有明确的认识。该活动旨在通过让学生不使用桌椅写字和使用桌椅写字的两种情境对比,感受没有公共设施带来的不便,从而让学生把了解公物、爱护公物的意识落到实处,引导学生发现并关注与他们生活、学习息息相关的公物,解决校园公物保护中的具体问题。

> 内容版本:统编版小学《道德与法治》教材。
> 活动时长:10 分钟。
> 工具材料:任务单。

前期准备

1. 分组:学生自由组合,将班级成员分成 5 组,选出各组的小组长。
2. 根据实际情况,给小组规定活动区域,开展体验活动。

实施步骤

1. 以 40 个学生为例,将学生分为 5 个小组,每组 8 人,明确各组的小组长人选。
2. 明确小组活动要求。

(1)按照教师事先分配好的区域,在组长的组织下,有秩序地走到活动区开展体验活动。

(2)小组体验活动时间为 3 分钟,将自己知道的校园里的公物名称写在任务单上面,每人至少写出 5 种公物的名字。(不会写的字可以用拼音,也可以画图)

(3)体验时间结束后,请安静地回到自己的座位上。

3. 学生活动，教师巡视指导。

4. 学生组内发言：说一说没有桌椅写字的感受是什么。

5. 在课桌椅上完成任务单中没有写完的任务。

6. 对比两种情况下写字，学生的实际感受。

7. 全班总结课桌椅的重要性，体会到没有课桌椅会很不方便，课桌椅对我们的学习生活很重要，从而引申到校园里的其他公物，将爱护公物的意识落在实处，引导学生发现并关注与他们生活、学习息息相关的公物，解决校园公物保护中的具体问题。

注意事项

1. 对学生在没有课桌椅写字的情况下，用相机拍下瞬间的表情和动作，作为课堂中的生成资源，分析问题出现的原因、解决方法，为完成活动目标提供依据。

2. 鼓励每个学生在小组内分享自己的真实感受，目的在于能够将自己内心的想法转化为语言表述，这一过程是对本次任务的回顾和反思，也是对学生言语逻辑能力的训练，可为集体分享做准备。

任务单

任务单

请你在以下表格中写出至少 5 种以上的校园公物，不会写的字可以用拼音或画图代替。

班级：_____　　姓名：_____

公物 1	公物 2	公物 3	公物 4	公物 5

（北京小学通州分校高明月老师执笔）

30 为生活物品寻"亲"

活动简介

人们所吃的各种美味食物都来自大自然,那人们生活中穿的衣服、住的房子、用的物品、乘的交通工具与大自然有没有关系呢?教师通过让学生寻找大自然"亲人"的活动,让学生感受到生活中的物品都源于大自然,从而萌发对大自然的感恩之情,同时认识到大自然会给勤劳的人们丰厚的回报,认识到人类离不开自然。

内容版本:统编版小学《道德与法治》教材。
活动时长:10 分钟。
工具材料:大自然的活动卡片。

前期准备

1. 教师对学生进行分组。
2. 教师制作"美丽多彩大自然"图片、生活物品卡片。

实施步骤

1. 以 20 个学生为例,把学生分成 5 组,每组 4 人。
2. 每组一份生活物品卡片,一幅美丽多彩大自然图。
3. 明确小组活动要求:
(1)每人先任选一件生活物品卡片,然后对照美丽的大自然图,找一找这件生活物品的制造需要大自然提供哪种资源。(如果没有这种资源,也就不会有这种生活物品的产生,所以说这种资源是这件生活物品的"亲人"。)
(2)小组内交流分享每个人的"寻亲"结果,并说明理由。
4. 学生活动,教师巡视指导。
5. 全班交流分享。

各小组代表上讲台汇报"寻亲"结果，由老师和同学共同判断是否正确，最终明确结果、达成一致。

6.教师总结：生活中衣食住行都离不开大自然，激发学生热爱大自然的情感。

注意事项

1.小组选卡片交流时，要按照顺序进行，不争抢。

2.学生上台汇报"寻亲"结果时，要说清对应大自然中的资源，表述准确、完整。

活动卡片

生活物品卡片

轮胎	跑道	橡皮	旗袍
铅笔	书	桌椅	窗帘
棉被	棉衣	丝巾	毛衣

美丽多彩的大自然图

（北京第二实验小学通州分校孟然老师执笔）

31 火眼金睛找一找

活动简介

"火眼金睛找一找"活动分两个环节进行：第一个环节是"五星红旗在哪里"，通过小组游戏形式在众多国家的国旗里寻找五星红旗，并描述出五星红旗的形状及组成部分，了解国旗是国家的象征。第二个环节是"寻找身边的国徽"，通过绘制思维图的形式引导学生寻找身边的国徽，深刻认识到国旗和国徽的特殊意义和象征，强化法律意识。

> 内容版本：人教版。
> 活动时长：15分钟。
> 工具材料：
> 1. 教师给每个小组两张印有不同国家国旗的卡片，每张卡片上有50面国旗。
> 2. 白纸一张。
> 3. 笔一支，彩笔若干。

前期准备

1. 教师对学生进行分组。
2. 为每个小组准备两张印有不同国家国旗的卡片。
3. 准备笔和纸。

实施步骤

1. 以35位学生为例，把学生分成7组，每组5人。
2. 第一个环节"五星红旗在哪里"。提问：作为一名中国人，你认识我们的国旗吗？教师下发工具材料，每组随机得到两张卡片（注意：卡面背面朝上，小组同学不能提前看）。

3. 计时开始，小组同学把卡片翻到正面，在100面国旗中迅速找到五星红旗，圈出后举手示意。比一比哪组速度最快，哪个组的成员拥有火眼金睛。

4. 用自己的话介绍一下国旗的样子。

5. 互动：你知道我们的国旗为什么是红色的吗？国旗上为什么有一颗大五角星和四颗小五角星？你觉得它们代表了什么？

6. 全班交流五星红旗的形状及组成。

7. 明确：我们的国旗是五星红旗，红色象征革命，大五角星象征中国共产党，四颗小五角星象征在中国共产党领导下的全国各族人民，四颗小五角星各有一只角正对着大星的中心，代表着共产党领导下的革命人民大团结。了解国旗是国家的象征。

8. 追问：除了学校，你还在哪里见过五星红旗？

9. 学生讨论（宇航服、奥运会、航母、火箭……）。

10. 第二个环节"寻找身边的国徽"。教师出示国徽，提问：这是什么？谁能用自己的话介绍一下国徽的样子？（课件随机放大国徽的各个部分）

11. 提问：你都在哪里见过国徽？

12. 小组同学借助彩笔用思维图的形式进行梳理，寻找身边的国徽。

13. 小组汇报在生活中见过国徽的地方，并尝试说明为什么国徽会出现在这些地方。

14. 国徽介绍：中华人民共和国国徽，中间是五星照耀下的天安门，周围是谷穗和齿轮。

15. 法律渗透:《中华人民共和国宪法》规定，中华人民共和国国旗是五星红旗。中华人民共和国国歌是《义勇军进行曲》。中华人民共和国国徽，中间是五星照耀下的天安门，周围是谷穗和齿轮。

16. 小结：五星红旗和国徽代表中华人民共和国。

注意事项

1. 为了确保活动有序进行，活动前教师引导各组选出纪律组长、小组发言人、声音调控员等。

2. 第一个环节"五星红旗在哪里"，因为涉及计时，所以教师要事先明确活动规则。

3. 教师要鼓励全班每个学生都参与活动。

4.教师注意思维图的绘制时间和对纪律的把控。

活动卡片

活动卡片为不同国家的国旗,一张卡片上有50面国旗。此处图略。

（北京市朝阳区白家庄小学朱玲老师执笔）

32 假如我是小刚

活动简介

在"假如我是小刚"的活动中,通过引导学生摆一摆、排一排、演一演,结合具体情境中的排队问题,提高学生问题解决能力和在公共场所要排队这一行为意义的认识,培育学生的公共意识,为学生成为合格的小公民奠定基础。

内容版本:统编版小学《道德与法治》教材。

活动时长:10分钟。

工具材料:

结合排队情境,设计卡通人物(叔叔、小刚、妈妈等人及排队等车的人)。

前期准备

1. 教师制作课上便于学生参与活动的情境及情境中的卡通人物(叔叔、妈妈、小刚等)。

2. 教师制作两难情境中的微视频——《叔叔应该站在哪里?》。

3. 教师准备小刚和同学排队去卫生间的情境图片。

4. 教师准备《小学生守则》。

实施步骤

1. 首先播放《叔叔应该站在哪里?》的微视频。

视频大意:叔叔、小刚及妈妈等人,站成一排等候上车。叔叔站在小刚的前面。这时,叔叔的电话响起,叔叔离开队伍去打电话。叔叔接完电话回来,示意小刚让他站回原来的位置。小刚在想:可不可以让叔叔站回原来的位置呢?

2. 呈现问题:如果你是小刚,同意叔叔站回原来的位置吗?

3. 教师引导学生静静地思考。

4. 摆一摆：结合"叔叔应该站在哪里？"这一问题，学生把思考的结果，用手中的工具材料摆出来。

5. 说一说：教师请摆出不同结果的同学阐述这样做的理由。

6. 结合同学们的思考，教师进行适时引导，并最终得出符合规则的行为结果——离开队伍后就要重新排队。

在学生交流的过程中，教师要结合学生的不同反馈，进行追问和引导：

预设1：叔叔可以站回原来的位置，因为叔叔原来就站在那里，所以他回来的时候还可以站在那里。

——追问：如果排队的人里更多的人像叔叔这样，会发生什么情况？

预设2：叔叔不能站回原来的位置，因为他已经离开了。

——追问：如果叔叔还想站回原来的位置，他应该做些什么呢？

7. 教师出示小刚和同学排队去卫生间的情境图片，之后播放微视频。

教师引导学生思考：排在小刚后面的同学看起来很着急的样子，小刚可以让他先用卫生间吗？

8. 说一说、演一演：两个同学一组，将思考的结果进行交流并演一演。

9. 教师针对同学们的表演结果进行适当地采访与引导，最终引导学生得出排队要"文明礼让"的结论。

预设1：如果我是小刚不会让他先用，因为要讲求先来后到。

——引导学生认识到，先来后到是排队的基本原则，但如果是你遇到类似小刚遇到的特殊情况，你又会怎么想呢？

预设2：如果我是小刚可以让他先用，因为他非常着急。

——引导学生认识到，要推己及人、换位思考，在排队时做到既讲规则，也懂礼让。

10. 教师出示《小学生守则》，引导学生读一读相关的要求，强化自觉排队守规则是遵守《小学生守则》的表现，帮助学生树立规则意识。

| 注意事项 |

1. 制作突破难点的微视频时注意时间的安排，时间不宜太长，但又要能诠释出事情的过程。

2. 课堂中，学生动手活动的材料要便于操作，活动情境要真实、生动。

3. 师生活动中要关注学习过程，注重学生分析问题和解决问题能力的培养。

|活动卡片|

候车的场景及妈妈、小刚、叔叔的卡通人物。此处图略。

（北京市门头沟区大峪第二小学谭庆燕老师执笔）

33 滴水实验

活动简介

"滴水实验"这一活动通过学生数一数 10 秒滴走的水滴，再引导学生观察 6 个小组滴走的水汇集在一起的变化，借助教学 PPT 演示没关紧水龙头 10 天会滴走 1 吨水的动画，帮助学生感悟积少成多的道理，认识到节约每一滴水的意义。

> 内容版本：统编版小学《道德与法治》教材。
> 活动时长：10 分钟。
> 工具材料：
> 1. 每个小组：装清水 20ml 的烧杯一个，空烧杯一个，漏斗一个，试管架一个，棉花一团。
> 2. 教师：计时秒表一个，空烧杯一个。

前期准备

1. 教师对学生进行分组。
2. 为每个小组准备好实验材料，提前放置在实验筐中。
3. 提前将每组实验材料中的棉花塞入漏斗中润湿，并试验是否可以滴水。

实施步骤

1. 以 30 个学生为例，把学生分成 6 个小组，每组 5 人。
2. 第一个环节：数一数 10 秒钟会滴走多少滴水？

教师首先讲解操作实验的要求，每个小组的组长依据教师的口令进行操作，提示学生在操作的过程中保持安静，其他组员在老师宣布"计时"之后开始计数，结束后由一人记录滴走了多少滴水，并将烧杯与漏斗分开摆放。活动时间为 2 分钟。

3. 小组汇集水滴：初步感悟积少成多的道理。

滴水环节结束后，由小组长向全班同学展示本组滴水的烧杯，向老师汇报滴走的水滴数，并倒入老师提前准备的空烧杯中。此环节的目的是使学生初步感悟到积少成多的道理。活动时间为 3 分钟（提示：在汇集每组滴水的水滴之前，注意记录每组水滴的滴水数字，并引导学生仔细观察水滴的变化）。

4. 第二个环节：算一算如果 10 天都没关紧水龙头，会流走多少水呢？

教师可先引导学生大胆猜测，猜一猜如果 10 天都不关紧水龙头会流走多少水。接着，教师利用教学 PPT 出示提前制作好的饮水桶动画，演示 10 天不关紧水龙头会滴 1 吨水，相当于 53 桶桶装水那么多，使学生更直观地感受浪费的可怕后果，进一步体会积少成多的道理，要节约每一滴水。活动时间为 3 分钟。

5. 第三个环节：想一想通过这个实验，你明白了什么？

组织学生在小组内交流自己的实验感受，并谈一谈自己在生活中应当怎样做，重点引导学生说一说节约用水的小妙招。本环节的目的是巩固滴水实验的成果，让学生认识到浪费的人多了和浪费的时间久了，就会有许多的水资源被浪费掉，从而树立节约每一滴水的意识。

注意事项

1. 为了确保活动顺利进行，教师在活动前应该做好组织工作，做好实验的简单培训，强调要爱护实验设施，教师可先示范实验操作，再指导学生操作。

2. 教师在活动中要注意，小组进行滴水成果汇集时，因为水量较少，学生不太容易感受到积少成多的道理，要注意引导学生仔细观察，并适当拓展相关积少成多的案例，帮助学生理解。比如，一桶桶装水一家三口可以喝 7 天，那么 10 天浪费的水大约可以够 53 个家庭一周用了。

3. 鼓励每个学生在活动中积极发表感想，学会交流与分享，学会倾听与学习，提高学生的语言表达能力和善于倾听的能力。

活动卡片

学生课前可以制作"节约用水的小妙招"的小书签或者宣传画。

（北京市第八中学京西附属小学肖晨曦老师执笔）

34 我是校园公物代言人

┃活动简介┃

"我是校园公物代言人"活动分为交流公物现状和演一演公物的诉说两个环节。通过课前调查了解身边的公物现状,结合统计表发现存在问题较多的公物,以演一演的形式为公物代言,让学生产生自觉爱护公物的意识。

内容版本:统编版小学《道德与法治》教材。

活动时长:10分钟。

工具材料:

1. 每名学生一张《学校公物调查表》。
2. 每个小组准备一个要代言的校园公物的头饰或图片。

┃前期准备┃

1. 教师对学生进行分组。

2. 设计《学校公物调查表》,结合校园情况,提前安排学生分小组、分区域开展校园公物的调查活动。

3. 每组准备一个要代言的校园公物的头饰。

┃实施步骤┃

1. 以30个学生为例,把学生分成6个小组,每组5人。

2. 课前调查与统计。

教师下发《学校公物调查表》,安排学生开展校园公物的课前调查。结合学校的布局可以分组分区域,供学生选择调查,并将学生完成的《学校公物调查表》提前收集并进行统计。

3. 课上讨论分析。

教师根据统计反映出的实际情况，结合学生的生活实际创设公物损坏的情境，分小组来讨论或表演，并分析公物损坏的原因。

4.活动要求：

（1）组内交流：我调查的校园公物现状。小组长可先组织本组同学说一说本组调查区域的公物情况，并选择一人作为代表汇报本组的调查结果。活动时间2分钟。

（2）全班交流：每组代表交流本组调查区域的公物情况，使学生了解校园内公物的使用情况。活动时间1分钟。

（3）教师出示依据学生调查表做的统计表，引导学生观察统计表，并说一说自己的发现，目的是使学生认识到损坏较多的、损坏较严重的公物有哪些，为下一步公物的诉说做好铺垫。活动时间1分钟。

（提示：教师的统计可作为活动的依据，同时不应拘泥于教师的统计，也可由学生课前准备自己发现的公物损坏情况分享。）

（4）出示破坏较多、较严重的公物照片和头饰，同学们小组内讨论或演一演"公物的诉说"。可由不同的同学扮演不同的公物，自行设计台词和简单的剧情，主要表达出公物的无奈与受伤的心情。活动时间3分钟。

（5）组织学生在全班同学面前交流：公物为什么这样说？我们该怎么办呢？一位同学发言，其他同学可进行补充，主要围绕我们该如何正确对待和使用身边的公物这一主题进行。

注意事项

1. 为了保证活动顺利开展，教师一定要在活动前安排好调查工作，分组分区域开展调查，可规定每小组的具体调查内容，同时对于《学校公物调查表》如何填写，教师也应在开展调查前对学生进行指导。

2. 教师活动前要关注学生的课前准备，《学校公物调查表》是否按照要求按时完成，并及时收集上来做好统计表，为课前活动做好准备。

3. 公物的诉说，除了教师提前准备好公物头饰外，学生也可根据自己的调查提前准备相关道具，不拘泥于教师的规定，灵活开展活动。

活动卡片

学校公物调查表(学生用)

调查人:

调查区域	公物名称	它们怎么样了	原因/影响
第一组:教室		好　　　　　(　) 有损坏　　　(　) 不能用了　　(　)	
第二组:楼道		好　　　　　(　) 有损坏　　　(　) 不能用了　　(　)	
第三组:卫生间		好　　　　　(　) 有损坏　　　(　) 不能用了　　(　)	
第四组:操场		好　　　　　(　) 有损坏　　　(　) 不能用了　　(　)	
第五组:食堂		好　　　　　(　) 有损坏　　　(　) 不能用了　　(　)	
第六组:美术教室		好　　　　　(　) 有损坏　　　(　) 不能用了　　(　)	

(注:公物状况"好"要写出原因,公物状况"有损坏""不能用了"也写出原因及影响。)

学校公物调查情况统计表(教师用)

组别	公物名称	数量	损坏公物	数量
第一组	桌椅、黑板、窗台、讲台桌、书架、小柜、绿植、图书、墙壁	10	小柜	6
			椅子	2
第二组	画、中华字经、地板、墙壁、消防栓、科学装置、书柜、八小星	8	科学装置	5
			墙壁	4
第三组	水龙头、门、卫生纸、小便池、门帘、洗手液、管道	7	门帘	2
			门	1
第四组	跑道、国旗、主席台、球篮、篮球筐、草坪、健身器材	7	球篮	2
第五组	图书、水龙头、书柜、椅子、桌子、牌子、墙壁、餐盘	8	牌子	3
			图书	4
第六组	桌子、椅子、地面、图画、门、纸、彩笔、书柜、黑板	10	桌子2	2
			彩笔2	2

(北京市第八中学京西附属小学肖晨曦老师执笔)

35 探究魔瓶

活动简介

"探究魔瓶"活动分为探究①号魔瓶和探究②号魔瓶两个环节。①号魔瓶用臭豆腐的臭味儿模拟"被污染的空气",②号魔瓶则是新鲜的空气。通过两次探究魔瓶的对比体验,体会清新空气带来的美好感受。

> 内容版本:统编版小学《道德与法治》教材。
>
> 活动时长:10 分钟。
>
> 工具材料:
>
> 1. 每名学生:一张《空气质量记录表》。
> 2. 每个小组:①号魔瓶、②号魔瓶各一个。
> 3. 学生在户外的活动照片一张。

前期准备

1. 教师对学生进行分组。
2. 设计《空气质量记录表》,提前布置学生记录 3～5 天的空气质量。
3. 学生课前准备一张户外郊游或者旅游的照片。

实施步骤

1. 以 30 个学生为例,把学生分成 6 个小组,每组 5 人。
2. 第一轮活动"探究①号魔瓶",教师出示活动要求,指导学生操作。
3. 活动要求:
(1)小组成员前后传递魔瓶,每人快速闻一下。
(2)活动过程中,不出声音,可以用表情表达自己的感受。
(3)最后一名成员闻完魔瓶,将它放回原处。

（提示：闻魔瓶之前，注意先借助图片和教师示范使学生明确科学闻气味的方法，学生可以先模仿老师的样子闻一闻，再开展活动。）

4.学生探究①号魔瓶之后，老师组织学生在小组内说一说闻完之后有什么感受，并引导学生思考还在什么情况下有过同样的感受。该环节的目的是引导学生说出空气不佳时的真实经历与感受，活动时间为3分钟。

5.活动问题：如果空气中出现了其他异味和杂质，会怎么样？组织学生围绕此问题开展讨论，明白什么状态下属于空气污染。

6.小组交流：课前填写《空气质量记录表》，并分享自己的发现与感受。该环节目的是使学生关注身边的空气状态，回忆空气污染对我们日常生活的影响。活动时间2分钟。

7.组织学生观看PM2.5危害的视频，借助视频了解空气污染对身体健康的危害，并分享交流自己在空气污染下应该采取的防护措施，提高防护意识。活动时间2分钟。

8.第二轮活动"探究②号魔瓶"，再次强调活动要求，教师注意巡视指导，活动过程中，学生注意用表情表达自己的感受。

9.学生探究②号魔瓶之后，老师组织学生分享自己的活动感受，选择自己喜欢的魔瓶并说明原因。活动时间2分钟。

10.活动小结：组织学生结合自己的照片，介绍空气清新时出去玩耍的感受。该环节的目的是唤起学生在清新空气状态下的美好感受，与前面①号魔瓶的活动感受形成鲜明对比。活动时间1分钟。

注意事项

1.为了确保活动的科学、有序，教师要在活动前进行科学的方法指导，活动中要反复强调活动要求，保证活动顺利进行。

2.教师活动前要关注学生的活动准备，《空气质量记录表》是否按照要求认真完成，照片是否准备好，以保证活动效果。

3.鼓励每个学生在小组内积极交流与分享，训练学生言语逻辑能力，培养学生的小组合作精神。

| 活动卡片 |

空气质量记录表

记录人：

日期	月　日	月　日	月　日	月　日	月　日
空气质量 （涂一涂）	☐	☐	☐	☐	☐
我的感受 （选一选 ✓）	☺ ☹	☺ ☹	☺ ☹	☺ ☹	☺ ☹

我发现：

记录提示：　优：　　　良：　　　轻度污染：　　　中度污染：　　　重度污染：　　　严重污染：

（北京市第八中学京西附属小学肖晨曦老师执笔）

36 制作再生纸

活动简介

学生通过亲手制作再生纸，了解纸张分类回收后还可以变成新的纸张，并在此过程中思考，生活中为什么要做垃圾分类回收？我们好像感觉不到缺纸用呀。在学生的质疑中，师生共同探究节约用纸背后的原因。

内容版本：统编版小学《道德与法治》教材。

活动时长：15分钟。

工具材料：旧纸、塑料盆、舂捣器、抄纸网、水。

前期准备

1. 教师将抄纸前的准备工作和步骤录制成微课在课堂上播放。
2. 学生准备旧的作业本。
3. 准备纸浆原液以供学生课上抄纸。

实施步骤

活动一：抄纸实验。

1. 教师播放微课，学生观看、学习。
2. 两人一组动手实验：
（1）将废纸撕成碎末浸泡到水中。
（2）浸湿之后将纸捞出放到舂捣器中舂捣成泥。
（3）将成品兑入水中制成纸浆。
（4）用抄纸器抄纸。
3. 教师展示再生纸的成品，引发学生思考：自己制作再生纸这个活动很有意思，但是生活中我们为什么要分类回收呢？感觉生活中并不缺纸用呀？

活动二：探究回收纸制品的必要性。

1. 出示教学PPT，呈现"河流污染、砍伐树木、空气污染"的现状；引发学生思考。

2. 总结过渡：现在我们用到的纸张大多数是树木制作成的，在制作纸的过程中，要砍伐树木，减少的是森林资源，排放污水和废气会污染环境。如果我们能做到节约用纸，并分类回收变废为宝，就是为保护人类与动植物共同生活的地球出一份力！

活动三：节约用纸有方法。

1. 出示教学PPT，呈现作业本、A4纸、图画纸、卫生纸等图片，引发思考："我们每天都要使用大量的纸，你有哪些节约用纸的小妙招？"

2. 出示教学PPT，呈现用完的作业本、废弃的包装盒、卫生纸芯等图片，引导学生交流"这些垃圾我们怎么处理？"（预设学生从"制作环保创意品、垃圾分类……"等角度作答）。

3. 教师总结：保护环境我们每个人都要行动起来，做到珍惜纸张、节约用纸、垃圾分类再利用，这些看似微不足道的小事，可都是保护环境的高招儿。希望通过今天的学习，"节约用纸，垃圾分类"，不再是一句空口号，而是大家生活中的真行动！

注意事项

1. 课前准备要充分，保证抄纸实验的效果，教师要注意实验过程中的巡视和及时指导。

2. 教师要关注后两个活动的组织和引导，让学生能在教师提供的素材的基础上联系自己的生活，说出真实的感受和具体的行动。

材料图片

抄纸网、舂倒器、塑料盆、旧纸。

尺寸:20*20cm
松木造纸框

内径:85mm
深:55mm
高:90mm
外径:100mm
32mm
140mm

绿色/GREEN

（北京市门头沟区军响中心小学岳晴老师执笔）

三年级

37 我的旅游攻略

│活动简介│

"我的旅游攻略"活动，首先，通过填写表格让学生感受不同交通工具的优势；其次，通过设计旅游攻略，让学生以自己家乡为出发点，设计一次出游方案，合理选择交通工具，引导学生在规划路线的同时兼顾到路程的远近，出行时间的选择，依据现有经费量力而行等。

> 内容版本：统编版小学《道德与法治》教材。
> 活动时长：10分钟。
> 工具材料：学习单。

│前期准备│

1. 教师对学生进行分组。
2. 教师围绕交通工具设计学习单。
3. 学生学会看 Pad 中的地图软件。

│实施步骤│

1. 以 32 人为例，将学生分为 8 组，每组 4 人，进行小组活动。

2. 小组活动"比比谁的本领大"，教师出示学习单，学生根据学习单上的要求，完成任务。（5 分钟）

要求：用 1～4 的数字分别表示运输方式的不同本领，1 代表速度最快，运量最大，运费最低。

3. 学生分享活动结果，了解不同交通工具的优势。

4. 学生思考问题：除了速度、运量、运费外，运输方式的选择还会受到什么因素的影响？

5. 小组活动:"我的旅游攻略",利用所学知识,为自己的假期设计一次出游计划。(10分钟)

提示:要保证旅行顺利,就要做好充足的准备。

(1)选好目的地。

(2)做好相关准备(出发前须考虑:路线选择、交通工具、地图、天气、经费等。)

6. 小组交流分享,综合考虑,合理选择交通工具。

注意事项

1. 在活动中,需要学生通过地图了解我国交通线路情况,因此,为了确保活动的有效进行,需要学生学会看地图,特别是相关图例。

2. 为了更好地了解各种交通工具的优势,可设计学习单。

活动卡片

"谁的本领大"学习单

要求:根据材料,用1~4的数字填写表格。数字1~4分别表示运输方式的不同本领,1代表速度最快,运量最大,运费最低。

不同运输工具一般时速比较
火车时速 60~100千米
汽车时速 40~60千米
海轮时速 30~40千米
飞机时速 400~1 000千米

- 一般散装货轮,一次运量可达几万吨至几十万吨
- 一列货运列车,一次运量可达上千吨
- 一辆载货卡车,一次运量可达几吨
- 一架大型客机,一次可搭载乘客400人以上

从上海到南京的交通费用(约数)			
火车	飞机	汽车	轮船
50元	360元	88元	30元

交通工具 \ 特点	速度	运量	运费

（北京第一师范学校附属小学张晓晨老师执笔）

38 "年夜饭"的故事

> **活动简介**
>
> 春节是中国人极其重视的传统节日,吃"年夜饭"的习俗由来已久。本活动以春节中的年夜饭为突破口,引导学生回忆与家人过节时的情形,探寻年夜饭的共同特点,体会中国人重视家庭的传统文化。

内容版本:统编版小学《道德与法治》教材。

活动时长:12分钟。

工具材料:每名学生一份《我们家的年夜饭》记录单。

> **前期准备**

1. 教师设计《我们家的年夜饭》记录单。

2. 学生和家人(爸爸、妈妈、爷爷、奶奶等)一起回忆"我们家的年夜饭",并做好记录。

(1)通常和谁一起吃年夜饭?

(2)年夜饭通常吃什么?

(3)我们家吃年夜饭有哪些规矩?

> **实施步骤**

1. 教师将全班同学以每4人为一组分组,学生确定小组组长。

2. 学生分小组依次分享"我们家的年夜饭",组长控制好每位同学的发言时间,教师巡视指导。(6分钟)

3. 每个小组选一名代表发言,其他同学补充,全班分享"我们家的年夜饭"的故事。

4. 通过小组和全班分享,以小组为单位思考(4分钟):

（1）大家的年夜饭有什么不同之处？

（2）大家的年夜饭有什么相同之处？

5. 全班分享思考结果，感受不同的年夜饭背后中国人重视家庭的传统文化。

注意事项

1. 小组活动时，组长控制好时间，保证每位同学都有发言的机会。

2. 针对学生的发言，教师要有意识地选取典型的事例，引导全班同学思考年夜饭背后体现的传统文化。

活动卡片

《我们家的年夜饭》学习单作为参考，学生可以用自己喜欢的方式，如图画、文字、照片等多种方式进行记录。

我们家的年夜饭
我们一起吃年夜饭：
我们通常吃：
我们常常这样做：
我们还想告诉你：

（北京市东城区史家胡同小学李乐老师执笔）

39 发现父母默默的爱

活动简介

该活动通过让学生观看过生日的视频，观察某位同学的卧室陈设，观察图片讲故事，使学生明白自己的成长离不开家庭，明白父母对自己的爱就在身边，体会父母长辈的养育之恩，从而产生孝亲敬长的情感。

内容版本：统编版小学《道德与法治》教材。
活动时长：13分钟。
工具材料：
1. 学生过生日的视频。
2. 一些体现父母关爱自己的照片。
3. 爱心树、爱心叶。

前期准备

1. 教师对学生进行分组。
2. 准备学习的图片和视频。
3. 准备爱心树、爱心叶。

实施步骤

1. 引导语：同学们，在我们的日常生活中，长辈对我们的爱无处不在，你们发现了吗？让我们一起来找一找吧！

2. 出示过生日的视频，学生观看视频，找出父母默默的爱体现在哪里。

指导性提问：这是某同学过生日的视频，请大家找出父母默默的爱体现在哪里。

学生自由回答。

指导性提问：在你过生日的时候，长辈是怎样给你过生日的？

学生自由回答。

预设：家长为庆祝我过生日做了很多菜，这些菜里包含了很多祝福。父母还给我买了新玩具和新衣服。

指导性提问：你感受到了什么呀？

学生结合自己的生活实际自主发言。

3. 出示学生卧室陈设照片。学生观察某位同学的卧室陈设，寻找哪些布置体现了长辈对孩子的关爱，从而联想到自己的生活，感受长辈对自己的爱就在身边。

过渡语：这是某同学卧室的照片，请大家看一看，找一找，在这个小房间里有哪些地方体现了长辈的爱。

学生观察后自由回答。

预期回答：

（1）家长给他买了一张很漂亮、很舒服的单人床，下面还有一张儿童专用的书桌。说明家长希望他睡好觉，学习好。

（2）床边有小灯，一定是家长怕他晚上起夜看不见路而买的。

（3）书桌上有他喜欢的书和东西。这些一定是家长给他买的或给他做的。

（4）桌子旁边的椅子有两把，说明他的家长常常帮助他学习。

总结：你们观察得很仔细，分析得也很准确，小小的一间卧室让我们感受到长辈的爱，长辈对我们的爱就体现在我们生活、学习的方方面面。

4. 分组找一找父母默默的爱。

引导语：老师知道你们都想说说自己的长辈关爱自己的故事，快用3分钟的时间和小伙伴说说自己和长辈之间的小故事吧。

分小组交流一下。

引导语：同学们说的真好，我们请一些同学跟我们分享一下吧。

要求：出示到哪位同学的照片就请哪位同学来介绍。

学生看图介绍。

（1）
（2） 
（3） 
（4） 

（1）我们全家一起到外面玩儿，可开心了！我爱他们每个人。

（2）爸爸帮我复习功课，可有耐心了。我很感激他。

（3）我爸爸帮我练仰卧起坐，我的身体可健康了。

（4）我胳膊摔坏了，心里很难过，妈妈带我出去玩儿，散散心。

引导语：如果你觉得父母是爱你的，就把你手中找到的父母疼爱自己的资料，贴在爱心树上吧。

学生将自己找到的父母疼爱自己的资料贴在爱心树上。

结语：从你们的故事中，我能体会到父母为你们的成长付出了很多心血，他们都很爱你们。

注意事项

在指导学生找父母对他们关爱的资料的过程中，要结合生活实际进行指导和拓展。

活动卡片

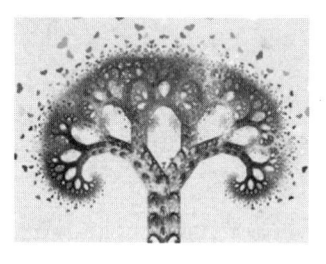

（北京市光明小学李亚梅老师执笔）

40 爱心的传递者

> **活动简介**

本活动是针对《爱心的传递者》一课中涉及的社会中因为热心助人反遭伤害的真实情景展开的辩论游戏。学生围绕"别人有困难该不该帮"这一话题进行辩论,结合收集到的资料,有理有据地发表自己的看法,为做一名智慧的爱心传递者奠定基础。

内容版本:统编版小学《道德与法治》教材。

活动时长:10分钟。

工具材料:

1. 为双方准备"正方""反方"的桌牌。
2. 学生课前收集的资料。
3. 用来评比辩论礼仪的花朵。

> **前期准备**

1. 课前利用问卷调查的方式,了解学生对于做爱心传递者的想法。

学生问卷

孩子,老师想跟你聊聊,如果有人想让你帮忙,你会帮吗?为什么?

---

2. 学生根据自己的观点,收集相关资料。

(1)认为不应该帮的同学收集因为热心助人反遭伤害的资料。

(2)认为应该帮的同学收集热心助人为社会带来益处的资料。

3. 布置教室,将桌椅摆成面对面的两组。

[实施步骤]

1. 布置教室，学生根据自己的想法分组坐。

2. 教师引导双方交流观点：之前我们同学结合自己的思考，针对"别人有困难该不该帮"这一话题做出了自己的选择，持相同观点的同学组成了一组，下面我们请各组代表说明你们组的观点。

3. 学生发表自己的想法：

● 一方学生认为，如果别人有困难一定会帮助。

● 另一方学生认为，如果别人有困难不能帮。

4. 教师引导学生开展第一轮辩论：看来我们双方都有自己的观点，那就让我们以"帮"这一组作为正方，以"不帮"这一组作为反方，展开辩论，利用我们之前收集的资料阐述自己的理由，看看能不能说服对方同意自己的观点。

● 双方代表发言。

● 双方成员补充。

5. 教师小结：同学们都在用自己的资料证明着各自的观点，有谁被对方说服了，想改变看法的吗？请坐到相应组区域。

6. 学生根据自己的想法变换座位。

7. 教师采访：你为什么坐到这一组了？

8. 学生发表自己的看法。

9. 教师引导学生开展第二轮辩论：看来，在辩论过程中，同学们的想法是有变化的，为了能更有力地说服对方，现在我们双方有一次向对方提问的机会，看看能否将对方问住，改变对方的想法。

10. 学生提问交流。

11. 教师提问：通过刚才的辩论，大家的想法有变化吗？可以更换座位，坐到另一方去。

12. 学生根据自己的想法更换座位。

13. 教师采访：为什么更换座位？

14. 教师小结：看来同学们不只认真听了同学的发言，还通过不断地思考形成了自己的认知，真棒！

15. 教师分析：同学们，我们的辩论结束了，咱们来看看现在的情况！

16. 教师分析情况：

- 既有选择"帮"的，也有选择"不帮"的。
- 出现"帮"与"不帮"两个观点以外的新观点。

教师提问：能说说你们现在的想法吗？

学生发表自己的看法。

教师小结：看来同学们结合社会实际对于帮与不帮都有着各自的想法，这是会思考的表现呢！

同学们，大家发现没有，不管是认为一定要帮，还是分情况帮的，大家最终认定都是要帮，都想做个传递爱心的使者，这是我们达成的共识，只不过在哪种情况下帮，各有看法，其实这也是现代社会生活中人们热议的话题之一。

注意事项

1. 为有效开展辩论，课前应通过学情调查了解学生对于做传递爱心使者的真实想法，在此基础上灵活地调整辩论分组情况。

2. 为学生提供一个自由讨论的空间，给学生充分的自主权，让学生充分阐述自己的观点，教师在其中只是一个组织者，而不是评判者。

3. 教师应利用适当的评比机制，营造文明有序的辩论氛围，保证辩论有序进行。

4. 教师应提醒学生，在辩论时，应有理有据，结合自己搜集到的资料辅助自己阐述观点。

活动卡片

| 正方 | 反方 |

（北京大学附属小学石景山学校马伟丽老师执笔）

41 毛遂自荐

活动简介

"毛遂自荐"活动是教师为引导学生认识自己独特之处而设计的教学活动。设计参观科技馆中学生的任务分工,引导学生根据自己的优势选择适合自己的工作,从而为自己的独特之处感到高兴和自豪,树立自信心。

内容版本:统编版小学《道德与法治》教材。
活动时长:10分钟。
工具材料:
1. "任务分工"的卡片。
2. 将寓意为"小镜子"形状的彩色卡片及笔放在课桌一角。

前期准备

1. 课前与班主任和任课教师沟通,了解学生的特点。同时借助班级微信群,运用家长信的方式,将活动的目的和意义与家长说明,获得家长的支持,请家长全面提供孩子独特之处的信息,并请家长保密。

2. 教师创设参观科技馆的活动情境,根据本教学班学生的特点及活动需要,设计活动中的任务。

3. 依据对学生的了解,尽可能多地根据学生的独特之处设置任务,利于学生发现自己的独特之处。

4. 制作"任务分工"卡片。

5. 将寓意为"小镜子"形状的彩色卡片及笔放在课桌一角。

实施步骤

1. 教师交流近期学校即将组织参观科技馆的活动通知,指明参观过程中各项管理任务都由学生承担。

2. 教师出示活动中的具体任务分工：

召集人、班级纪律监督员、华夏之光展厅讲解员、科技与生活展厅讲解员、整队员、摄影师、活动联络员、活动记录员、新闻撰稿人、汇报活动主持人、新闻广播员、卫生员、午间休息娱乐表演组、饭后卫生保洁员、饭后卫生检查员、6个小组长。

3. 教师组织同学们讨论各项任务的职责。

4. 同学们交流任务职责。

5. 教师引导学生思考：你觉得你能承担什么任务呢？

6. 学生发表自己的看法，推荐自己担任的任务。

7. 教师追问：你怎么知道你能胜任呢？

8. 教师提问：看来，同学们对自己在这方面非常自信啊，你们是怎么发现自己有这个优势的？

9. 教师评价：你们可真有心呀，能从生活中的小事和别人对你们的评价中发现自己在这方面的特别之处。

10. 教师小结：同学们，我们在活动中发现的这些特点都是你自己独有的特别之处，也是你独特的地方。

11. 教师引导：你发现自己其他的独特的地方了吗？请将你独特的地方写在"小镜子"形状的卡片上。

12. 学生写下自己独特的地方。

13. 教师引导，请拿起"小镜子"和同学说一说你独特的地方吧。

14. 同学交流。

15. 教师总结：同学们，只要我们做生活的有心人，就能发现自己独特的地方，并让它成为我们的优势，使我们更加自信。

注意事项

1. 在走进科技馆的"毛遂自荐"活动中，教师课前要做好学情调研，应尽可能全面地和班主任、任课教师及家长沟通，了解学生的独特之处。

2. 在与家长沟通时，可通过班级微信群，将活动的目的和意义清晰地向家长说明，以便得到家长的支持，全面提供孩子独特之处的信息，并请家长对此事保密，也暂时不要和学生谈论关于自己特点等方面的问题，让学生在课堂上经历发现自身独特之处的过程，以激发学生赏识自己、对自己充满自信的情感。

3. 在前期学情调研的基础上，结合班级学生的独特之处，尽可能全面地设置不同项目的任务分工，以便更多的学生能够依据任务的不同，对号入座，了解自己的独特之处。

4. 关注评价的作用，引导学生做生活的有心人，善于观察生活、善于倾听别人对自己的评价，使自己更好地了解自己的独特之处。

活动卡片

活动召集人	纪律监督员	华夏之光展厅讲解员	科技与生活展厅讲解员
整队员	摄影师	饭后卫生保洁员	饭后卫生检查员
6个小组长	午间休息娱乐表演组	活动联络员	活动记录员
新闻撰稿人	新闻广播员	卫生员	汇报活动主持人

（北京市石景山区爱乐实验小学张洁老师执笔）

42 怀孕妈妈的一天

活动简介

"怀孕妈妈的一天"活动共分为两个阶段：第一阶段，分小组体验怀孕妈妈一天要做的事情，每组完成不同的动作，如走路、弯腰捡书或捡其他东西、弯腰系鞋带、上下楼梯、去卫生间共五项活动；第二阶段，完成"怀孕妈妈的一天"体验活动后，学生分成5个小组，畅谈活动体验感受。在活动中学会珍爱生命，体会生命的来之不易，同时学会感恩。

内容版本：统编版小学《道德与法治》教材。
活动时长：12分钟。
工具材料：书包1个、图书至少5本、生鸡蛋1个。

前期准备

1. 分组：将班级学生分成5组，各组任命组长1名。
2. 物品准备：书包1个、图书至少5本、生鸡蛋1个。

实施步骤

1. 以30个学生为例，把学生分成5个小组，每个小组6人。

2. 第一步：明确活动要求。在活动过程中，书包就是自己的大肚子，而鸡蛋就是肚子里的宝宝，不能让书包在体验活动中掉落，同时保证鸡蛋不能碎掉；若中途掉落或者碎掉，就表示宝宝会有生命危险。

3. 第二步：学生以小组为单位，每组完成不同的动作——走路、弯腰捡书或捡其他东西、弯腰系鞋带、上下楼梯、去卫生间共五项活动。每组领取其中一项任务，展开体验活动，活动体验时长为5分钟。

4. 第三步：活动体验完毕后，每个小组谈感受，小组各派出一名代表发表体验感受，时长为 5 分钟。

> **注意事项**

1. 教师需要提前告知学生活动规则及要求，保证活动的有序开展和活动效果。

2. 活动体验过程中教师要时刻关注学生的安全问题，并建议各小组设置安全员 1 名。

3. 教师要注意场景的创设和现场气氛的烘托，避免学生因为害羞或者哄闹嬉笑等而干扰活动的有效性。

4. 教师要及时关注活动的生成性效果，适时在活动氛围下进行情感升华，引导学生学会珍爱生命，体会自己的生命来之不易，学会感恩。

（北京市育英学校王妍老师执笔）

43 火眼金睛辨危险

> **活动简介**

"火眼金睛辨危险"活动分成三个阶段：首先，"孙悟空带儿子上学"，考验孩子在路上是否能躲避危险；接着，小组讨论"火眼金睛大发现"活动，提出家里、学校、燃气、电梯里的危险；最后，出示图片考核"谁是火眼金睛的孙悟空"。

内容版本：统编版小学《道德与法治》教材。

活动时长：12分钟。

工具材料：每组学生准备一些彩色纸卡——场景涉及家里、学校、燃气、电梯。

> **前期准备**

1. 教师让学生观察发现一些生活中容易出现危险的地方。
2. 一些彩色的纸卡，场景涉及家里、学校、燃气、电梯。
3. 老师准备PPT，呈现上学路上容易出现的危险和最后的考核图片。

> **实施步骤**

1. 教师边播放边讲解"孙悟空带儿子上学"的PPT，随即提问该怎样选择才安全，然后学生代替孩子做答。
2. 以40个学生为例，把学生分成10组，每组4人。
3. 每个小组按照桌上的图片（家里、学校、燃气、电梯）分享交流，自己课前观察中发现的容易出现危险的地方，小组总结出几点，以备全班交流。
4. 全班交流各种场所容易出现的安全隐患，大家选出发言最积极的同学，将其评为"火眼金睛的孙悟空"。
5. 由获奖的"火眼金睛的孙悟空"到前面出示考核题目，经过大家的考核、竞争，选出另外的几名"火眼金睛的孙悟空"。

6.学生分享总结经验后,每人完成图文并茂的"安全温馨贴",并把有关校园的安全贴认真地贴到学校的各个角落,提醒同学们注意安全。

注意事项

1. 第一环节的"孙悟空带儿子上学"的PPT要给学生以视觉刺激,激发兴趣,鼓励学生认真思考。

2. 第二环节"小组交流—全班交流",要给学生感悟的时间,让学生把自己的发现细细交流,锻炼学生独立思考的能力,教师不要忙于总结。

3. 把大家的发现全面总结,不要让水平高的学生一言堂,要让每位学生都有发言的机会。

活动卡片

范例:家里、学校、燃气、电梯。

(北京市海淀区万泉小学林波老师执笔)

44 我和时间交朋友

活动简介

小学生不太懂得如何珍惜时间，也不太懂得如何提高学习效率。有的学生做作业拖拖拉拉，不会合理安排学习时间、娱乐时间和休息时间。通过"我和时间交朋友"这一系列活动，引导学生从小养成合理安排和利用时间的好习惯，掌握一些合理安排时间的方法。

内容版本：统编版小学《道德与法治》教材。

活动时长：10分钟。

工具材料：计时器、一分钟动画片段、《小华放学活动时间安排》。

前期准备

1. 准备学生喜爱的一分钟动画片段。
2. 4人一组，每组一份《小华放学活动时间安排》。

实施步骤

环节一：神奇的一分钟。

1. 谈话激趣：同学们，我们现在进行一个体验小活动。（出示单脚站立示意图）

请同学们起立，学一学示意图上的动作，并保持一分钟，教师计时。

部分学生坚持不住，感觉时间漫长。

2. 观看一分钟动画片段，学生感觉意犹未尽。

3. 两次体验后学生谈感受，用对比感受的方式引导学生思考。

4. 教师提问：同样都是一分钟，为什么同学们的感受却如此不同？

5. 总结：我们做喜欢做的事情时，感觉不到时间过得很快，比如看动画片、玩游戏等，时间一下子就过去了，因而浪费了不少宝贵的时间。我们做一些我们不喜欢做的事情时，感觉时间特别漫长，比如写作业，总是写一会儿就想玩一玩，休息一下，也耽误了不少时间。

环节二：小小时间规划师。

1. 情境分析：小华每天放学后都有以下事情要做。

小华放学活动时间安排
（　）写作业 30 分钟　　（　）吃水果 10 分钟　　（　）听英语 10 分钟 （　）烧水 10 分钟　　　（　）刷饭盒 10 分钟　　（　）读课外书 30 分钟

请你帮他将这些事情排一排顺序。这六件事一共需要 100 分钟完成，他还能不能节省出一些时间呢？

2. 小组讨论交流，共同排序。

3. 全班交流。理解合理安排时间的意义，掌握合理安排时间的方法。

4. 总结：我们每天都只有 24 个小时，除去睡觉时间和上学时间，我们能自由安排的时间少之又少。因此，我们在学习和做事时，要分清主次，科学合理地安排时间，希望我们度过的每一天都有意义和价值。

注意事项

1. 活动体验过程中，教师要时刻关注学生的安全问题，也要避免哄闹嬉笑而干扰活动的有效性。

2. 活动体验后，要及时关注活动的生成，及时提问，总结梳理。

3. 注意小组团队协作，鼓励每个学生在小组内分享自己的想法和理由。

4. 《小华放学活动时间安排》并没有统一标准，能进行合理安排，并说明安排原因，言之有理即可。

（北京市海淀区实验小学魏赛男老师执笔）

45 不一样的你我他

活动简介

学生年龄小，只能从表面认识人或事物，通过设置适当的活动和任务使学生投入到真实的情境中去，在亲自动手操作的过程中学习知识，掌握科学的思维方法；在与其他学生的比较中，认识到每一个人都是独特的个体，意识到每个人各有不同，学会欣赏和尊重别人；引导学生尊重他人不同的想法和选择，学会正确认识和分析人的个性特点。

> 内容版本：统编版小学《道德与法治》教材。
> 活动时长：10分钟。
> 工具材料：每人一张印有一个圆的画纸、彩笔。

前期准备

1. 分组：以32人为例，把学生分成8组，每组4人。
2. 提前录制好教师或学生的声音。
3. 了解学生外貌、兴趣、爱好等。
4. 学生观察生活中的圆。

实施步骤

1. 听音辨友：教师播放5位学生或老师的录音，学生闭上眼，用心听，猜测是哪位同学或老师的声音，分享猜测的方法。

<u>通过听音辨友，认识到每一个人的声音都是独一无二的。</u>

2. 游戏《找朋友》，教师与学生对话说歌谣：

（教师说）一二三四五六七，我的长发朋友在哪里？

（学生齐说）在哪里？

（符合条件的学生站起来）在这里……

（长发朋友再更换成大眼睛朋友等外貌、兴趣、爱好相关内容）

游戏后，学生说感受，谈发现。

通过小游戏逐步深入地引导学生了解自己，通过比较，使学生意识到人与人之间的差异，让学生在活动中获得最真实的感受。

3. 同圆不同画：

（1）教师播放音乐，学生用彩笔在印有圆的画纸上独立想象作画。

（2）教师巡视，发现典型。

（3）小组内分享作品。

（4）学生展示作品，并讲述自己的想法，教师进行适时的激励。

（5）学生交流看过大家画后的感想，思考：在同一圆上作画，为什么画得不一样。引导学生从同学画的不同之处了解到人与人之间有着不同的想法、爱好等。

通过让学生在同一个圆上作画，引导学生发现不同的人，即使是对同一事物也会有不同的想法，进而意识到在现实生活中，不同的人有不同的想法和选择。

4. 进行活动总结。（例如：正是由于我们每个人都各不相同，因此对同一问题才会有许多不一样的想法，对同一件事情才会有不一样的做法，这就要求我们每个人都要发扬自己的优点，尊重、理解、接纳不同，欣赏他人，只有这样，我们的生活才会更加丰富，更加精彩。）

> 注意事项

1. 在"同圆不同画"活动中，学生要独立想象作画，展示作品，教师鼓励学生将自己内心的想法转化为语言表述。在快乐的活动中进一步认识到：人们的内心想法、思想、兴趣等方面也是各不相同的。

2. 多名学生展示作品。

3. 自始至终渗透提升学生的认识，力求做到教育润物细无声。让学生感受到：正因为每个人都有着丰富多彩的个性特点，班级生活才会绮丽多姿。教师要为学生创造学有所获、学有所思的空间。

（北京小学通州分校贺艳华老师执笔）

46 火场逃生

活动简介

"火场逃生"活动适合小学中年级学生开展,培养学生遭遇不同的火情时能找到正确的方法灭火或者逃离。为了检验学生是否掌握火灾自救互救的方法,活动中增加了一些干扰性的因素,学生只有正确摆脱了相应的干扰,才可以获得平安。

内容版本:统编版小学《道德与法治》教材。

活动时间:15分钟。

工具材料:准备A、B两种资料袋(A资料袋是问答题,B资料袋是表演题),另准备如水盆、灭火毯、灭火器、手电筒、毛巾、小棉被、衣物等物品。

前期准备

1. 教师对学生进行分组。

2. A、B资料袋问题卡每组一份。

3. 准备如水盆、灭火毯、灭火器、手电筒、毛巾、小棉被、衣物等物品。

实施步骤

1. 以42个学生为例,把学生分为6组,每组7人。

2. 教师提示活动要求。(A.资料回答正确加几颗星;B.表演题目中几人表演正确加几颗星)

3. 打开A资料袋,开始作答,组长统计上交。

4. 抽取B资料袋中的火场逃生表演题目。

5. 教师在黑板上记录成绩,最后看哪个小组的同学掌握得好。

注意事项

1. 按要求打开相应的资料袋。
2. A 资料袋中的资料每人一份，分组答题时每人都要作答。
3. 组长统计答案后上交一份。
4. 正确的小组排队抽取 B 资料袋中的表演题目，不正确的小组继续完成。

活动资料

教师记录表

小组	逃生知识得分	表演技能得分
1		
2		
3		
4		
5		
6		

A 资料袋中的题目如下：

1. 高层建筑的楼道门（如图）开着，还是关着？为什么？

2. 烟感器（如图）家中没有必要这样安装。

3. 厨房炒菜的锅着火了，用水灭。

4. 你知道这是干什么用的吗？怎样使用？

5. 家里的电器冒火花了，怎么办？

6. 液化气罐起火了，先关阀门还是先灭火？

7. 一个人身上着火了，别人可以用力抽打吗？

8. 灭火器的使用方法分为拔、提、瞄、按四步。

B 资料袋材料：

1. 厨房炒菜的锅着火了，怎么办？演示说明。

2. 家里充电的电动车冒火花了，怎么办？组长组织大家讨论交流。

3. 楼道起火，火势很大，家住 9 楼的小军和家住 10 楼的小芳两家人怎样逃生？

4. 楼内起火，浓烟滚滚，组长如何组织大家逃生？

5. 当我们在野外遭遇火灾，身上起火时有哪些办法灭火？

6. 假设就餐时，酒精炉的火烧到了自己身上，我们该怎样做？小组交流分析。

（北京教育科学研究院通州区第一实验小学邢东海老师执笔）

47 我该怎么办

> **活动简介**

本活动分为两个阶段：第一阶段，课前发放调查问卷，设计问题情境；第二阶段，通过分析案例、模拟表演等活动初步认识社会的复杂性，引导学生在乐于助人、参与社会活动的同时提高警惕性。

内容版本：统编版小学《道德与法治》教材。

活动时长：10分钟。

工具材料：调查问卷、角色头饰、道具等。

> **前期准备**

1. 发放调查问卷，进行课前调研，了解学生的安全意识，然后根据学生存在的问题隐患设计情境。

2. 教师对学生进行分组。

3. 根据情境准备相关人物的头饰、道具等材料。

> **实施步骤**

1. 以30个学生为例，把学生分为5组，每组6人，并明确各小组的组长。

2. 教师利用问卷调查、谈话等方式开展课前调研，并将学生的问卷情况进行统计，制作成统计图；课上教师根据统计图反映出的情况，结合学生的生活实际创设3个问题情境，每个小组随机分配到一个情境，小组讨论或表演：面对这种情况该如何做。（因时间有限，每两个小组分配到的情境是相同的）

3. 活动要求：

（1）看一看问题情境，组长组织组内同学说一说：如果自己是这位同学，该如何做？

（2）小组长带领着本组成员分配角色，一位同学扮演陌生人，一位同学扮演独自在家或外出的小学生，其他同学作为评委对他们的做法进行点评。如果时间充足，也可以换另外两位同学表演。（提示：在表演的过程中可以使用头饰等道具）

（3）教师巡视指导。

（4）全班展示。一个小组展示，其他组点评。点评内容围绕着这种做法是否安全来进行。

【注意事项】

1. 对学生在表演过程中生成的安全问题，教师及时带领学生分析、讨论。重点是让学生明白面对陌生人时潜在的危险是什么。

2. 防骗的方法无穷尽，也不唯一，鼓励每位同学发表自己的观点，只要合理即可。本活动的最终目的不是教会学生多少种防骗方法，而是引导学生加强自我保护意识，提高警惕性。

【活动卡片】

问题情境：独自在家时，陌生人来敲门。

角色1：维修工人

角色2：外卖叔叔

角色3：邻居阿姨

◎课前选一选：独自在家时陌生人来敲门，你的选择是（　　）

A. 听到敲门声直接开门

B. 先从猫眼里看看是谁，然后开门

C. 如果是送快递或外卖的人就为他/她开门

D. 只要是陌生人坚决不开门

E. 在屋子里不吭声

◎课上演一演：

> 请组长在小组内选择两名同学进行表演。一名同学扮演独自在家的小学生，一名同学扮演陌生人，组内的其他同学做评委，说一说这名同学的做法是否安全。

课前调查问卷

班级：_____ 姓名：_____

同学们，我们生活中总会遇到陌生人。在这些陌生人中，有很多人会像朋友一样关心、爱护、帮助我们，但也有少数人不怀好意，会危及我们的安全。请你认真填写以下问卷内容，测一测自己的安全意识如何。

1. 你有过独自在家的经历吗？（   ）

    A. 有　　　　　B. 没有

2. 当有陌生人来敲门时，独自在家的你会怎么做呢？（   ）

    A. 听到敲门声直接开门

    B. 先从猫眼里看看是谁，然后开门

    C. 如果是送快递或外卖的人就为他/她开门

    D. 只要是陌生人坚决不开门

    E. 在屋子里不吭声

3. 外出遇到陌生人向你问路，你会怎么做？（   ）

    A. 不理睬，直接走开

    B. 热心告诉他，并带他去

    C. 告诉他路线，但不带路

（北京第二实验小学永定分校安海霞老师执笔）

48 生活与交通

活动简介

本活动主要是引导学生关注身边的生活,从最熟悉的衣食住行入手,使学生体会到交通运输和我们的生活息息相关,初步感受交通的发展方便了人们的生活。

> 内容版本:统编版小学《道德与法治》教材。
> 活动时长:10分钟。
> 工具材料:
> 1. 学生日常生活中所需用品,如衣服、食品、学习用品等容易带到教室的物品或物品的包装袋。
> 2. 中国政区图。
> 3. 可以粘贴的小圆点。

前期准备

1. 发放调查问卷,请学生填写衣食住行用等物品的产地信息。
2. 教师对学生进行分组。
3. 请学生以组为单位准备方便带到教室的衣食住行等物品或物品的包装袋。

实施步骤

1. 以30个学生为例,把学生分为5组,每组6人,并明确各小组的组长。
2. 第一阶段:请各小组在小组长的带领下结合课前调查表以及每组桌子上物品的产地与其他同学进行交流"我们生活中所用的物品的产地在哪里",并在中国政区图上找到这个产地,贴上小圆点。用尺子连一连物品产地与北京的直线距离。

3. 第二阶段：全班反馈。教师随着各组学生的汇报将调查到的商品的产地在中国政区图上标注，并将这些产地与地图上的"北京市"用直线连接起来，帮助学生直观地感受到很多商品的产地距离北京都很远，便于学生意识到"生活中的很多物品都需要依靠交通运输来运送"。

4. 第三阶段：教师通过课件出示不易携带到教室的物品的产地。

5. 第四阶段：全班交流——这些物品是怎样来到商场或超市的呢？我们的生活与交通有什么样的关系呢？

▍注意事项▍

1. 为了更好地控制时间，教师在上课前需要对学生准备的物品进行数量的控制，每个小组准备 4 或 5 样东西即可，不能过多。

2. 为了方便学生快速找到物品所在地的行政区名称，教师也需课前检查一下学生准备的物品包装上的产地名称，最好是一级行政单位的产地。如产地是"山东"（√），产地是"威海"（×）。

▍活动卡片▍

物品产地调查表

同学，你好！

请按照不同的种类调查家里的物品，之后将下面的表格填写完整。

物品种类	名称	产地
衣	羽绒服	内蒙古
食		
住		
行		
用		

（北京第二实验小学永定分校安海霞老师执笔）

49 爱的小考验

> **活动简介**

"爱的小考验"活动分为写一写爱的档案卡和爱的测试题两个环节。通过课上填写档案卡检验学生对父母的了解,并借助测试题评选出最了解父母的同学,分享了解父母的经验,引导更多的学生增强了解父母的意识。

内容版本:统编版小学《道德与法治》教材。

活动时长:10 分钟。

工具材料:

1. 每名学生一张档案卡。

2. 教师采访学生父母,准备测试学生的问题。

> **前期准备**

1. 教师对学生进行分组。

2. 结合学生情况,设计家庭档案卡。

3. 教师准备测试学生的 5 个问题。

> **实施步骤**

1. 以 30 个学生为例,把学生分成 6 个小组,每组 5 人。

2. 课前采访与统计问题。

教师采访授课班级学生的父母,请学生父母协助提出一个问题,并将问题设计成转盘的形式,在课堂上旋转,选择学生回答。

3. 活动要求:

(1)写一写爱的档案卡:组织学生现场书写一张档案卡,选择爸爸或妈妈一人即可。活动时间 3 分钟。

（2）全班交流：教师引导学生说一说在写档案卡过程中遇到的问题，目的是使学生发现自身对于父母了解不多，为下一步活动做铺垫。活动时间2分钟。

（3）教师出示测试问题转盘，请学生帮忙转一转，每转到一个问题，学生可举手回答，共旋转5次，教师统计每个问题知道答案的人数。目的是检验有多少同学相对比较了解父母。活动时间3分钟。

（4）组织学生在全班同学面前交流：我们可以通过哪些方法进一步了解父母？请有经验的同学以及借助教材图片指导学生了解父母的方法。活动时间为2分钟。

注意事项

1. 为了保证活动顺利开展，教师一定要在课前采访授课班学生的父母，收集真实、有意义的问题，问题不在多，提问形式不局限于转盘活动，也可自行设计。

2. 教师在开展活动前，可对学生进行档案卡写作指导，可先引导学生试着给自己写一写档案。

3. 教师要持续关注学生活动后的档案卡的完成情况，保证此次活动效果。

活动卡片

爱的档案卡

```
_____的小档案
姓名：_____
生日：_____
属相：_____
年龄：_____
性格：_____
职业：_____
兴趣：_____
好习惯：_____
高兴的事：_____
烦恼的事：_____
其他：_____
```

教师为学生提示的测试问题（参考）：

1. 爸爸妈妈的名字是什么？
2. 爸爸妈妈从事什么工作？
3. 爸爸妈妈最喜欢的一道菜是什么？
4. 爸爸妈妈的兴趣、爱好是什么？
5. 爸爸妈妈多少岁了？

（北京市第八中学京西附属小学肖晨曦老师执笔）

50 认识我们的"朋友"

活动简介

该活动主要分为两部分：一是通过角色扮演的形式让学生谈一谈公共设施的作用；二是让学生讨论如果没有公共设施会有哪些不便，让学生意识到公共生活与他们息息相关，同时体会到公共设施带给人们生活的便利。

内容版本：统编版小学《道德与法治》教材。

活动时长：10分钟。

工具材料：

1. 思维导图。
2. 公共设施卡通头饰（垃圾桶、路灯、喇叭、休息椅、交通信号灯）。

前期准备

1. 学生课前收集资料，了解什么是公共设施，公共设施有什么作用，并填写课前预习单。
2. 教师准备5种公共设施的卡通头饰。

实施步骤

1. 导入。

在我们身边有这样一群朋友，它们在小区、街头、公园默默地为我们提供帮助，它们就是公共设施。

2. 说一说常见的公共设施有哪些，活动时间为1分钟。

3. 演一演。

（1）请5名同学扮演不同的公共设施，并介绍自己所扮演的公共设施的作用，其他同学仔细听。扮演的那位同学说完后，其他同学进行适当补充。活动时间为 4 分钟。

一天，小叮当走在大街上，远远地便看到一群公共设施在争论什么，走近一听，原来它们在说着自己的作用。它们一看到小叮当便争先恐后地介绍自己。

现在请 5 名同学来扮演五种公共设施，分别介绍自己的作用。

（2）组织学生们交流：你们还知道哪些公共设施？说说它们的作用。活动时间为 2 分钟。

4.想一想：如果没有公共设施，我们的生活会有哪些不便？来看看小叮当的旅行遭遇吧！活动时间为 3 分钟。

小叮当来到一个没有公共设施的国度。他在路上走了很久，想坐公共汽车，没有找到。步行的人们告诉他，这里从来没有公共汽车，小叮当走啊走啊，实在走不动了，想坐下来休息一下，但到处找不到休息椅，他只好席地而坐。

小叮当又饿又渴，便拿出自己带的干粮吃了起来。吃完后，他想扔掉手中的垃圾，但四处找不到垃圾桶。小叮当还想给妈妈打电话，却找不到公用电话……

想一想，小叮当还会遇到哪些不方便？请你把故事继续讲下去吧。

| 注意事项 |

1.为了保证活动顺利开展，教师要让学生在课前调查，了解身边的公共设施。
2.活动开展前，要对参与表演的学生进行指导，让学生对自己表演的内容有清晰的认识。
3.实时关注学情，调动学生积极性，保证学生学习效果。

| 活动卡片 |

1.公共设施卡通头饰。

2. 课前预习思维导图：了解身边的公共设施。

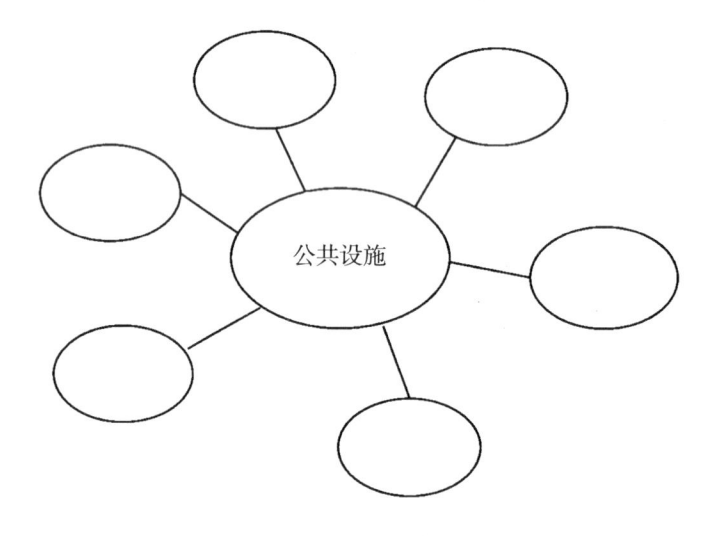

公共设施

（北京市第八中学京西附属小学艾欣怡老师执笔）

51 亮出我自己

活动简介

"亮出我自己"由撰写"广告词"推荐自己、"大雁飞"、补充小诗等活动构成。活动旨在引导学生正确认识自己，发现自己的独特之处，由此增强自信，更好地学习与生活。同时引导学生感受到，正是因为有了你、我、他的独特之处，我们的班集体才更可爱、更温暖。

内容版本：统编版小学《道德与法治》教材。

活动时长：10 分钟。

工具材料：

1. 学生课前完成的推荐自己的"广告词"。

2. 待补充的小诗。

前期准备

1. 教师对学生进行分组。

2. 明确小组活动要求。

3. 学生撰写一段推荐自己的"广告词"，要求：语句精炼、内容简洁、突出自身特点。

4. 教师引导学生熟悉"大雁飞"的游戏过程。

——请扮演大雁的同学站成一排。

——同学们齐喊"大雁飞，大雁飞，飞到……"。

——教师宣读一位同学推荐自己的广告词。

——"大雁们"按照教师读的内容飞到同学的身旁。

5. 教师制作"亮出我自己"的盒子。

6. 教师制作教学 PPT，呈现待补充的小诗。

> 实施步骤

1. 以40个学生为例,把学生分成8个小组,每组5人。
2. 学生在小组中交流推荐自己的"广告词"。

教师提出活动要求:

(1)小组同学在分享与交流的过程中,要按照一定的顺序进行。
(2)一位同学说,其他同学注意认真倾听。
(3)推荐广告词的过程中要遵循少数服从多数的原则。
(4)各组选出两段生动贴切的广告词交给老师。

3. 教师将推荐出的广告词进行收集,统一放入纸盒里。
4. 教师从各小组选出一名同学扮作"大雁",在讲台前站成一排,提示学生注意安全。
5. 教师宣读广告词,"大雁"们认真倾听,根据广告词做出判断,认为是哪位同学就扮作大雁状朝那位同学飞去。
6. 师生继续进行"大雁飞"的游戏,直至"大雁"都飞到同学身旁。
7. 教师选取有代表性的同学,进行个别采访。

采访问题:"你为什么朝这位同学飞来?""你为什么觉得这段广告词推荐的是他?"

8. 教师引导学生讨论:

在刚才进行的"大雁飞"的活动中,你们有什么发现或感受?引导学生认识到,每个人都有自己的特点,自己的特点就是与别人不一样的地方,也叫作独特之处。

9. 补充小诗。

阅读教师提供的小诗,根据自己的观察和发现,把小诗中的你、我、他分别换成班里同学的名字,引导学生全面认识同学的独特之处。

10. 请同学朗诵自己补充后的小诗。

> 注意事项

1. 在撰写推荐自己的"广告词"时切忌啰唆,但是学生能力有限,需要教师在活动过程中进入小组,对学生适时地进行指导。
2. 在进行"大雁飞"这一游戏活动的过程中,要时刻关注学生的安全,避免因为跑动发生冲撞现象。

3. 教师要做好活动的组织和调控，注意活动的有序性，避免混乱。

4. 在开展补充小诗的活动时，要引导学生把目光放到全班同学身上，多思考多观察，避免集中在某几个学生身上。

| 活动卡片

"亮出我自己"——自我推荐"广告词"

集体里，有大家，
不一样的你、我、他。
有了**你**，就有听不完的故事；
有了**我**，就有"点子"和方法；
有了**他**，班上就有"小管家"；
有了……
独特的你、我、他，
人人都是一朵花！

1. 请把你、我、他改成同学的名字。
2. 请你续写下去吧！

（北京市门头沟区大峪第二小学谭庆燕老师执笔）

52 我们去哪儿

活动简介

通过"我们去哪儿"的活动，设计家庭一天的出行计划。在家庭出行问题上，多数家长常常包办代替。本活动以任务驱动的方式，以小组为单位，设计一家人的出行计划。此活动可锻炼学生的交际及解决问题的能力。

内容版本：首师大版。
活动时长：15分钟。
工具材料：水彩笔、任务单。

前期准备

1. 分组：学生自由组合，将班级成员分成6组，选出各组的小组长。
2. 学生商讨后，确定出行的目的地。

实施步骤

1. 以30个学生为例，将学生分为6个小组，每组5人，明确各组的小组长人选。

2. 明确小组活动要求。

（1）由组长组织成员讨论一日游需要考虑的具体问题。因为是一家人集体外出，应照顾每一个家庭成员的兴趣、需求及身体状况。

（2）小组成员分工，按照衣、食、住、行四个方面进行记录和整理。

（3）每人要把记录的内容在组内确认。

（4）小组派出代表做好与其他组交流的准备。

3. 学生活动，教师巡视指导。

4. 小组代表到下一组和其他小组成员交流，并进行点评。

5. 全班分享活动过程中的收获和体会。

6. 全班总结，感觉出行需要考虑的问题很多、很细，体会到爸爸妈妈为家庭生活的付出。

| 注意事项 |

1. 学生在思考问题时，容易将问题简单化，他们往往只看到问题表面，教师需要适度引导，培养学生倾听他人意见的习惯，帮助学生体会看似简单的事情，其实背后需要做很多工作。

2. 鼓励每个学生在小组内提出自己的想法，学习整理归纳的方法，帮助学生参与家庭生活。

3. 全班分享活动收获和体会时，不要约束学生表达，教师不要给出肯定或否定的意见，注意引导其他组认真聆听，并对上一个小组的分享给予成长型思维的评价，即"我很欣赏你"的表述方法。

| 活动卡片 |

第（　　）组的"全家一日游"任务单

组长：

小组成员：

小组记录：

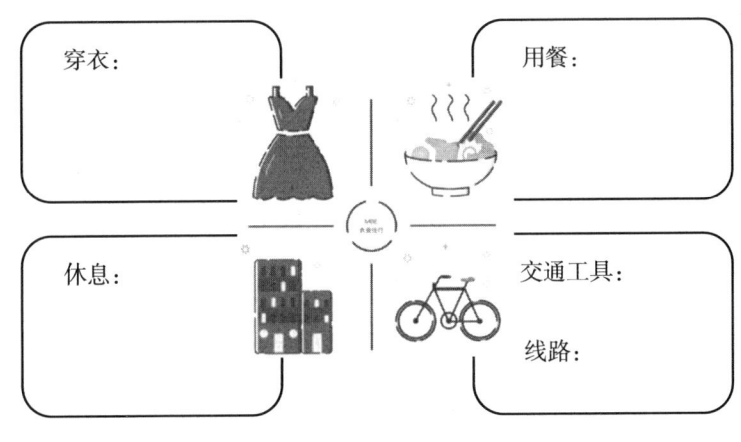

穿衣：

用餐：

休息：

交通工具：

线路：

小组评价：

（北京市朝阳区实验小学蒋圆老师执笔）

四年级

53 地球"发烧了"

活动简介

本活动源于《地球"发烧了"》的教学内容，旨在引导学生了解全球变暖的原因，通过引导学生小组交流绘本，探究碳排放的途径，发现人类生活所排放出的二氧化碳是导致全球变暖的主要因素，让学生自觉践行低碳生活方式。

内容版本：统编版小学《道德与法治》教材。
活动时长：10分钟。
工具材料：每组学生一个信封，放入火力发电厂排放图卡、汽车排放图卡、森林砍伐图卡。

前期准备

教师根据学生分组数量，准备相应数量的图卡装入信封。

实施步骤

1. 请每个小组打开信封，拿出图卡。
2. 观察图片，选择讨论内容，小组探究二氧化碳排放的途径。
3. 小组汇报，学生到展台前展示小组讨论的内容，分享小组的发现并说明理由。
4. 小结。

预设1：教师根据探究火力发电厂排放图卡小组的汇报结果进行小结——根据本组同学的探究，发现了火力发电厂排出的气体是二氧化碳，原因在于煤炭、石油、天然气等化石燃料燃烧后就会形成二氧化碳。而目前人类发电主要采取的还是火力发电。

预设2：教师根据探究汽车排放图卡小组的汇报结果进行小结——同学们发

现了汽车尾气排放中，最多的气体就是二氧化碳，无论是汽车还是电车，最终燃烧的都是化石燃料，所以排放出的还是二氧化碳。而汽车已经成为人类必不可少的交通工具，汽车保有量的快速增长也造成了二氧化碳的排放加剧。

预设3：教师根据探究森林砍伐图卡小组的汇报结果进行小结——通过同学们的分享，我们知道树木是可以吸收二氧化碳的，大量砍伐森林的现状，也是导致二氧化碳增多的因素。

5.全班交流：造成全球变暖的二氧化碳哪儿来的？

小结：你们的分析能力真强，找到了全球变暖的主要因素。

6.提问：此时此刻你们想说点什么？

7.总结：同学们能够从日常生活中想办法减少碳排放，这就是低碳环保的生活方式，实际上也是我们送给地球的"退热贴"。课后请同学们将自己和家人如何进行低碳环保的好办法记录在"地球退热贴"的绘本中，让我们践行低碳环保的生活方式。

▎注意事项▎

1.提前将图片放入准备好的信封里，上课时在相应环节让学生打开信封。

2.准备好投影设备，便于学生交流时展示和说明。

3.关注学生的回答，适时进行引导，肯定学生的探究和发现。

▎活动卡片▎

火力发电厂排放图卡：

在电力构成中火电、水电、核电、风电分别占比 75.08%、13.15%、4.17%、6.1%

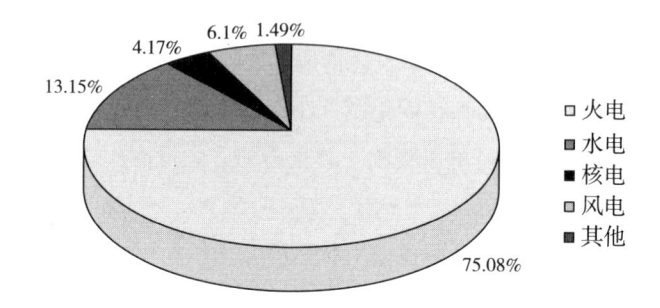

- 火电 75.08%
- 水电 13.15%
- 核电 4.17%
- 风电 6.1%
- 其他 1.49%

汽车排放图卡：

国内汽车保有量（亿辆）

年份	2008	2009	2010	2011	2012	2013	2014	2015	2016	2017	2018
保有量	0.5	0.6	0.8	0.9	1.1	1.3	1.5	1.6	1.9	2.08	2.29

森林砍伐图卡：

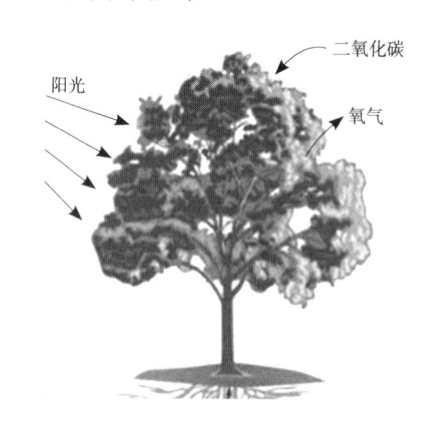

（北京市石景山外语实验小学分校王月老师执笔）

54 学会看包装

活动简介

在活动中,学生以小组为单位,选一个小情境,完成"根据包装上的信息选择自己满意的商品"的小任务,并以自己喜欢的方式进行交流汇报。在选购商品的过程中培养学生作为消费者的自我保护意识,引导学生做个聪明的消费者。

内容版本:统编版小学《道德与法治》教材。

活动时长:13分钟。

工具材料:

1. 一些保健饮品(其中包括木糖醇饮品)。
2. 午餐(包括饮料、面包、火腿肠等)。
3. 几种防晒霜(其中包括儿童专用防晒霜)。
4. 旅游鞋。
5. MP5。
6. 两种酸奶(两种口味相同的酸奶,同样是12.5元的价格,有卖8杯的也有卖8杯送两杯的)。
7. 每个学习小组有一张要选购的商品的学习任务图片。

前期准备

1. 教师对学生进行分组。
2. 教师根据调查结果选出学生需求的小情景。
3. 准备选购的商品的学习任务图片和一些工具材料。

实施步骤

1. 以30个学生为例,把学生分成6个小组,每组5人。

2.任务布置：看来同学们已经掌握了包装上的信息，你们会不会运用包装上的信息呢？我来考考大家，老师这儿有一个袋子，袋子里面装着一些需要同学们帮助购买的商品，我们课前分了合作学习小组，请每个组的组长到我这儿来抽取一个，看看能不能通过识别包装上的信息购买到自己满意的商品。

3.教师出示小组学习要求：怎样通过包装上的信息购买到满意的商品？请先在小组内合作学习，一会儿每个小组派代表发言。活动时间为3分钟。

4.组长抽取，小组学习。

5.教师指导学生分小组交流。

6.课件呈现情境，小组发言，其他组补充。

（1）去医院看望患有糖尿病的王爷爷，想购买一些保健饮品。

（预设：生产日期、保质期、木糖醇、无糖……）

教师补充木糖醇饮品：同学们都知道，糖尿病患者是不能饮用含糖的饮品的，否则会使血糖升高，危害身体健康，而木糖醇作为一种天然的甜味剂，可以代替糖的口感，这样糖尿病人食用起来味道更好，又不会影响他们的健康。所以我们在为糖尿病患者选择饮品的时候，要选择配料表里含有木糖醇，或者是在包装上印有无糖字样的饮品。

（2）学校组织同学去少年智慧城开展实践活动，需要大家购买午餐。

（预设：保质期、生产日期……）

教师追问：包装好看或者有玩具赠品，但没有生产日期、保质期等信息的商品，买不买？

（学生发言）

（3）暑假去旅游，妈妈带我去买防晒霜。

（预设：生产日期、保质期、防晒指数、儿童专用……）

（4）参加运动会，要购买一双旅游鞋。

（预设：大小、颜色、质地……）

（5）8岁生日，妈妈送我一个MP5作礼物。

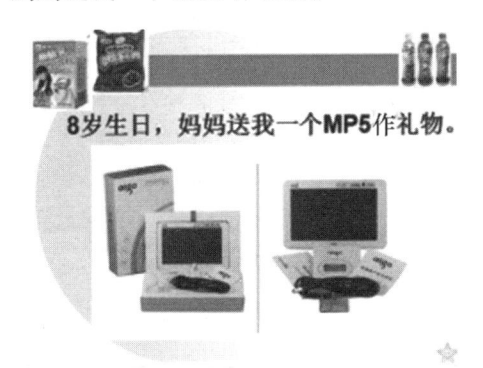

（预设：型号、颜色、容量、防伪……）

（6）舞蹈团演出，学校为同学们购买酸奶。

（预设：生产日期、保质期……）

教师延伸：我在超市里发现了这样的现象，两种同样口味的酸奶，同样是12.5元的价格，有卖8杯的也有卖8杯送两杯的，这是为什么？

（课件呈现图片：两种酸奶）

（预设：10杯的更接近保质期）

追问：你会选择哪种酸奶，为什么？

（学生发言）

小结：根据实际情况而定，合理消费，做一个聪明的消费者。

注意事项

1. 在指导学生选择商品时，要结合生活实际进行指导和拓展。

2. 发放小书签：在活动中表现突出者可以获得一张印有商品包装信息的小书签，激发孩子们的创造欲望。

活动卡片

（北京市光明小学刘芳老师执笔）

55 网络游戏利弊辩论赛

活动简介

"网络游戏利弊辩论赛"主要分为两步:首先,通过辩论活动引导学生初步具备分辨网络游戏利弊的能力;其次,在小组讨论中找到避免沉迷网络游戏的方法,从而引导学生更深刻地体会到自觉抵抗网络带来的不良信息的诱惑。

> 内容版本:统编版小学《道德与法治》教材。
> 活动时长:14 分钟。
> 工具材料:辩论评价表(团队、个人)。

前期准备

1. 教师对学生进行分组。
2. 课前教师发放了调查问卷,进行课前调查。
(1)你平时玩网络游戏吗?每天大概多长时间?有家长陪同吗?
(2)你认为玩网络游戏有什么好处?
(3)你认为玩网络游戏有什么危害?
3. 学生课前搜集辩论的相关资料(案例、数据等)。
4. 教师准备辩论评价表。

实施步骤

1. 教师根据课前调查结果对学生进行分组,即正反双方。
2. 召开网络游戏利弊辩论赛——精英辩论,辩题:网络游戏利大于弊,还是弊大于利?根据辩论,正反双方讨论,组织自己的论据,活动时间 2 分钟。
3. 根据前期观察,正反双方各选取四人参与辩论会并说明要求:
(1)确定双方辩论顺序,正反双方进行观点陈述,限时 1 分钟。

（2）自由辩论时间，双方各计时 3 分钟。

（3）正反双方进行陈述总结，限时 1 分钟。

4.选出网络游戏利弊辩论赛最佳辩手，学生共同分享收获。活动时间 2 分钟。

（1）其他同学观摩，思考哪方辩得好，说一说理由。

（2）举手表决，选取正反双方的最佳辩手。

5.进行小组讨论：我们可以采取哪些方法避免沉迷网络游戏？活动时间 2 分钟。

6.小组交流分享成果。

注意事项

1.在活动中，首先需要学生课前搜集相关资料，这样辩论时才能做到有据可依。

2.召开辩论会，需要做好各项分工，如：计时员、主持人等，保证辩论会有效开展。

3.评价环节利用 Pad 相关学习软件完成评价，即时出示结果。

活动卡片

"网络游戏利弊辩论赛"评分表

团队评分表（50分）			
	评分要点	正方	反方
开篇立论（10分）	1.开篇立论逻辑清晰，言简意赅，论点明晰，分析透彻。 2.论据内容丰富，引用资料充分、恰当、准确。 3.分析的角度和层次具有说服力和逻辑性。 4.语言表达流畅、有文采。		
自由辩论（20分）	1.针对对方的论点、论据进行有力的反驳。 2.语言表达清晰、流畅，事实引用得当。		
总结陈词（10分）	1.全面总结本方的立场为本方辩护。 2.语言表达具有说服力和逻辑性。		

续表

	评分要点	正方	反方
团队配合及临场反应（10分）	辩论队整体形象；辩风、整体配合、语言运用、临场反应（语言、风度、举止、表情）；有团队精神，相互支持；论辩衔接流畅；反应敏捷，应对能力强。		
团体总分			

个人评价表									
评分标准		正方				反方			
		一辩	二辩	三辩	四辩	一辩	二辩	三辩	四辩
语言表达	1. 语速适中。 2. 口头、肢体语言和谐。 3. 表达流畅、说理透彻。								
逻辑推理	1. 逻辑推理过程清晰。 2. 论证结果合理、有力。								
辩驳能力	1. 提问简明扼要，设问针对性强。 2. 回答问题精准、处理问题有技巧。 3. 反驳有理有据、引用实例恰当。								
临场反应	1. 反应敏捷，用语得体。 2. 技巧多元且得当。								
整体意识	1. 分工合理、协调一致。 2. 衔接有序、互为攻守。 3. 自由辩论时思路清晰，气氛调节有度。								
个人总评									

提示：请用 A 至 D 四个标准进行评价，A 表示辩论最出色。

（北京第一师范学校附属小学张晓晨老师执笔）

56 家务擂台赛

活动简介

"家务擂台赛"活动共分为两个阶段：第一阶段，分小组依次体验三项家务劳动——叠衣服、择芹菜、洗抹布。第二阶段，学生分组畅谈活动感受。在活动中引导学生学会主动为家庭做一些力所能及的事情，形成爱劳动的意识。

> 内容版本：统编版小学《道德与法治》教材。
> 活动时长：15分钟。
> 工具材料：衣服2件/人、芹菜5份、菜篮5个、抹布1块/人、清洗液1瓶、洗脸盆5个、口哨1个、塑料袋5个。

前期准备

1. 分组：将班级学生分成5组，并选出各组的组长、评委各1名。
2. 物品准备：每人准备衣服2件、抹布1块、芹菜5份、菜篮5个、清洗液1瓶、水盆5个、口哨1个、塑料袋5个、评委打分表5份、总和分表1份。

实施步骤

1. 以30个学生为例，把学生分成5个小组，每组6人。
2. 第一步：明确活动要求。（1）叠衣服——上衣：双袖向后折，再对折一次，衣领向上；裤子：裤缝对齐，再对折一次。摆放顺序：衣服叠好后，裤子在下，上衣在上。（2）择芹菜：把芹菜叶掐干净，将每根茎从根部劈下，理顺放置，并将菜叶、根放入塑料袋。（3）洗抹布：操作程序：浸泡—加清洗液—揉搓—漂洗—晾晒（双手展开洗干净的抹布）。
3. 第二步：明确规则要求。每项时间2分钟，听哨声开始，听哨声结束。时间一到全体同学立刻停止，立正站好，待评委评定打分后，方可离开。

4. 第三步：学生以小组为单位，依次完成叠衣服、择芹菜、洗抹布。活动体验时长为9分钟。

5. 第四步：评委依据打分表，依次进行打分，每项每生2分，时间、质量各1分，最终选出"最佳家务小能手"的小组及个人。

6. 第五步：活动后，每个小组交流感受；小组各派一名代表发表感言，时长5分钟。

注意事项

1. 教师要提前告知学生活动规则及要求。

2. 教师引导学生认识到"家务擂台赛"是展示本领的平台，比赛的目的不是要分出输赢，而是要让积极参与家务劳动的同学产生成就感、自豪感。

3. 教师要及时关注活动的生成性效果，适时在活动氛围下进行情感升华，引导学生学会做家务，体会家长的不容易，学会主动承担家庭责任。

（北京市育英学校王妍老师执笔）

57 网络游戏的是与非

活动简介

本项活动分为两个阶段：第一阶段，课前根据头脑风暴，学生确定4个关于网络游戏的典型性问题，每组认领一个问题，向自己的家长展开调研，并收集汇总数据；第二阶段，根据课前汇总的数据，课堂开展"小学生是否可以玩网络游戏"辩论赛活动。

内容版本：统编版小学《道德与法治》教材。
活动时长：15分钟。
工具材料：各小组前期调查问卷，辩论赛正方、反方、评委团、观众席桌牌4个，计时器1个，赋分表4份。

前期准备

1. 分组：班级学生共分成4组，并选出各组的组长。
2. 物品准备：
（1）各小组前期调查问卷（可以采用纸质版调查问卷的形式）。
（2）辩论赛正方、反方、评委团、观众席4个桌牌，计时器。

实施步骤

1. 以32个学生为例，把学生分成4个小组，8人为一个小组。
2. 第一步：依据头脑风暴，确定4个典型问题，如下：
（1）您支持自己的孩子平时在家玩网络游戏吗？
（2）您支持孩子玩网络游戏的理由是什么？
（3）您不支持孩子玩网络游戏的理由是什么？
（4）对于孩子日常玩网络游戏等问题，您有哪些建议？

3. 第二步：学生课前以小组为单位，每小组选择以上4个典型问题中的一个问题，分小组自主设计"问卷星"调查设计，如以问卷星、纸质版调查问卷等形式，并注意整理汇总相关数据。

4. 第三步：课堂上各小组展示关于以上4个问题的调查结果。

5. 第四步：教师引导学生依据调查结果发现的问题展开分析。

6. 第五步：课堂开展"小学生是否可以玩网络游戏"的辩论赛活动。

7. 两方发表看法，并得出问题解决的方法和建议。

▌注意事项▐

1. 针对4个典型性问题，教师要引导学生学会数据整理，保证所得数据的科学性、客观性和学生个人隐私性等问题。

2. 辩论赛环节，教师要引导学生明确辩论规则及流程，文明辩论，并确定主持人、正反方、评委、观众、计时员的角色。此外，应引导学生学会在表达、倾听中分析问题、解决问题，最后得出可行性结论或建议。

（北京市育英学校王妍老师执笔）

58 快乐分一分

活动简介

本活动分成两个阶段：首先，用你是什么"垃圾"的组内活动吸引全体学生参与到课堂活动中来，学生在积极参与的过程中体会垃圾分类的趣味性，打破反感垃圾分类的思想壁垒；接着，在你是什么"垃圾"小组赛的活动中，以竞技的方式，学生能快速学习到垃圾分类的知识，感受到垃圾分类的必要性，从而激发学生自觉加入到垃圾分类大军的热情。

内容版本：统编版小学《道德与法治》教材。

活动时长：12分钟。

工具材料：垃圾分类卡。

前期准备

教师准备垃圾分类卡，要求图文并茂，适合学生识别。

实施步骤

1. 以40个学生为例，把学生分成5组，8人为一组。

2. 第一步，我扮演什么"垃圾"。

学生根据教师提供的垃圾分类卡，给自己起一个新的名字，新名字由垃圾类别和垃圾名称组成，如：可回收物塑料瓶。小组成员自由起名字，并将自己的新名字告知组员，所有成员进行记忆。

3. 第二步，你扮演什么"垃圾"。

活动开始，小组成员从1开始按顺序起立报数，如果所报数字与组长抽的数字重复，要立刻准确地说出对方是什么名字，活动进行5轮。

4. 第三步, "垃圾分一分"小组赛。

每组派两名同学参赛,轮流到各组抽取序号,被抽出的同学只报自己扮演的"垃圾名称",由抽号的同学成功报出被抽者应分的类别,分对者,为小组积一分,3轮结束后积分最高的组获胜。在活动中,让学生快乐地学会分类知识。

5. 第四步,交流分享。

学生交流分享活动感受及感悟,全班进行活动总结,教师引导学生参与到环保行动中,做一个"环保小达人",培养主动参与垃圾分类的意识。

注意事项

1. 活动过程中教师需提前提示学生文明参与,不起哄,不提醒。
2. 由于小组活动时是在座位上进行的,学生需起立、坐下,教师需提醒学生注意安全,切勿磕碰到自己。

活动卡片

生活垃圾投放指南

可回收物	适宜回收循环利用和资源利用的生活废弃物	报纸 纸塑铝复合包装 塑料瓶	玩具 油桶 易拉罐	螺丝刀 刀片 皮鞋	毛绒玩具 包 衣服	玻璃杯 插座 砧板
有害垃圾	指对人体健康或者自然环境造成直接或潜在危害的生活废弃物	药片 充电电池 纽扣电池	荧光灯 节能灯 过期药物	药品包装 废油漆桶 过期指甲油	水银体温计 消毒剂 老鼠药	杀虫喷雾 X光片 冲印相片
湿垃圾	即易腐垃圾,指日常生活垃圾中可分解的有机物质部分	剩饭剩菜 糕饼 动物内脏	鸡肉 苹果核 干果仁	鸡蛋壳 小龙虾 蔬菜	谷物 粽子肉 花卉	宠物饲料 中药渣 火锅汤底
干垃圾	将除可回收物、有害垃圾、湿垃圾以外的其他生活废弃物	旧毛巾 烟蒂 卫生纸	大棒骨 纸尿裤 胶带	橡皮泥 笔 头发	灰土 粽子叶 气泡膜	塑料袋 眼镜 创可贴

(北京市海淀区万泉小学于海萍老师执笔)

59 我给垃圾找个"家"

▌活动简介▐

垃圾是生活中司空见惯的东西，学生并不陌生。学生通过生活中、电视中的环保宣传以及学校的环保教育，对环保知识有一些了解，但由于年龄较小，缺少生活实践经验，不能很好地将所学知识与生活相结合。本活动在此基础上，通过实践帮助学生了解垃圾分类方法，并鼓励学生将此运用到自己的生活中去。

内容版本：统编版小学《道德与法治》教材。
活动时长：10分钟。
工具材料：垃圾卡片，垃圾盒（四个）。

▌前期准备▐

1. 分组：将学生进行分组，选出各组的小组长。
2. 教具：制作垃圾盒、垃圾卡片。

▌实施步骤▐

1. 以30个学生为例，将学生分为5个小组，每组6人，明确各组的小组长人选。
2. 明确小组活动要求。
（1）思考自己手中卡片上的垃圾属于上面的哪一种类型。（时间5分钟，此时可讨论，5分钟后不可讨论）
（2）本组统一讨论结果，将垃圾卡片投入垃圾盒中。
3. 学生活动，教师巡视指导。
4. 小组代表上讲台汇报分类成果，由老师和同学共同判断其所说的是否正确，并说明原因。

5. 全班交流，总结出垃圾分类的方法，并思考在今后的生活中该如何做到垃圾分类，激发学生爱护环境、从我做起的社会责任感。

注意事项

1. 小组讨论"给垃圾找家"这一环节需要学生充分论证才能达到"垃圾分类，保护环境"的目的，为此需要给学生充分的辩论时间，教师也要时时进行引导。

2. 学生在讨论中出现的争论点即教学的重点，反映的是学生生活中的真困惑，教师要及时发现与记录，以此作为课堂生成资源，进而分析解决问题。

3. 激励每个学生充分表达自己的见解，将自己的生活经验运用到课堂之中，将学生情感体验向纵深推进，使他们的环保意识得以升华。

活动卡片

垃圾卡片：

垃圾盒：

（北京教育科学研究院通州区第一实验小学蔡爽老师执笔）

60 废物变身玩具记
——旋转木马

活动简介

塑料瓶、旧玩具、废纸盒等，都是可以变废为宝的宝藏，利用"宝藏"动手创造玩具是件有趣的事情。学生在日常生活中，会发现很多废物，通过本活动，学生在收集废物、动手制作的过程中，能够对垃圾有新的认识，并学会变废为宝。

内容版本：统编版小学《道德与法治》教材。

活动时长：10 分钟。

工具材料：

1. 带盖子的杯子 1 个（如奶茶饮料杯）。
2. 罐头瓶盖 1 个（或果酱瓶盖）。
3. 旧笔帽 1 个。
4. 旧 CD 4 张。
5. 牙膏盖 5 个。
6. 饮料瓶盖 5 个。
7. 旧的吹泡泡玩具帽 5 个。

前期准备

1. 分组：将学生进行分组，选出各组的小组长。
2. 学生分组收集废物。

实施步骤

1. 以 30 个学生为例，将学生分为 5 个小组，每组 6 人，明确各组的小组长人选。

2.教师分享制作经验：

（1）在饮料杯中间，剪一个比CD孔大一些的圆洞。

（2）将剪好的杯盖粘到杯子上，然后将罐头盖子粘到杯子的底部，最后将罐头盖粘到一张CD上。

（3）将另外3张CD叠在一起，牢牢粘好固定。

（4）将笔帽插入CD中间孔里。（如果笔帽太细，缠一些胶带）

（5）将牙膏盖贴到饮料瓶盖里面。

（6）将饮料瓶盖贴到3张CD上，做成旋转木马顶部装饰。

（7）在厚CD的周围粘上吹泡泡的小杆。

（8）最后，将带有笔帽粘好吹泡泡小杆的CD，插在杯子盖上。

3.学生明确制作步骤，开始小组内分工合作，将废物制作成旋转木马玩具。

4.全班交流，说一说废物变身后自己的体会与发现，明白勤于动手能够变废为宝，从而让生活充满新奇与欢乐。

注意事项

1.学生收集废物时，不必按照老师要求的物品来准备，可根据实际情况进行替换。

2.小组内制作时，一定要分工明确。

3.作品完成后，全班的交流与分享更为重要，要让学生们感受到生活中善于收集废物，勤于动脑动手能够让生活充满新奇与美好。

活动卡片

例图：

（北京市通州区于家务乡中心小学高洁老师执笔）

61 看包装选商品

活动简介

商品包装包含着各种各样的信息,通过本活动,学生能够初步了解包装上的基本信息,能够根据需求利用包装信息合理选择商品,为走入社会能够独立购买简单的物品奠定基础。

内容版本:统编版小学《道德与法治》教材。

活动时长:10分钟。

工具材料:

1. 调查表"因没看清包装遇到过的小问题"。
2. "购物小能手"任务卡。
3. "根据包装选商品"学习单。
4. 各种商品(可根据情况进行更换)。

前期准备

1. 学生课前完成调查表"因没看清包装遇到过的小问题"。
2. 教师根据学生购物所遇到的真实问题设计"购物小能手"任务卡。
3. 教师根据学生实际问题,准备真实商品。
4. 教师准备能够装商品的架子或者盒子。

实施步骤

1. 以32个学生为例,把学生分成8组,每组4人。

2. 根据学生实际问题,从不同角度设计"购物小能手"任务卡3~4个。(如任务1:患有糖尿病的奶奶让你去帮忙购买面条和酸奶。任务2:为想瘦身的妈妈选择更为健康的早餐。任务3:你的朋友要参加三个月野外生存训练,请帮他挑选食物与饮品。任务 4：弟弟涂鸦过程中总是把彩笔画得满身都是，妈妈总要手洗才能搓干净。请你帮助挑选笔与洗衣用品。）

3. 根据任务单，准备商品货架活动区。（例图如下）

4. 学生小组抽取不同的"购物小能手"任务卡，阅读任务卡，明确任务要求。

5. 学生讨论可以去哪些商品区域选购商品。

6. 学生观察包装信息，结合任务要求，去不同的购物区域选购商品，放入购物袋。填写"根据包装选商品"学习单。

7. 小组讨论选择该商品的理由。

8. 教师根据购物任务，组织学生分享选择的商品。

| 注意事项 |

1. 教师设计任务和选择商品时，应关注学生的调查表，根据学生生活中遇到的实际问题，设计任务和选择商品。此外，根据不同班级遇到的不同问题，进行调整。

2. 商品实物如不方便带入课堂，可以拍摄商品图片。

3. 任务活动过程中，教师观察学生遇到的问题，关注课堂生成性问题。

4. 学生汇报分享的过程中，可以使用实物投影，让学生展示根据需求关注了哪些包装信息。

> 活动卡片

调查表

	"因没看清包装遇到过的小问题"
1	
2	
3	

"购物小能手"任务卡

任务1：患有糖尿病的奶奶让你去帮忙购买面条和酸奶。	任务2：为想瘦身的妈妈选择更为健康的早餐。	任务3：你的朋友要参加三个月野外生存训练，请帮他挑选食物与饮品。	任务4：弟弟涂鸦过程中总是把彩笔画得满身都是，妈妈总要手洗才能搓干净。请你帮助挑选笔与洗衣用品。

"根据包装选商品"学习单

任务（　　）	
选购的商品	包装信息

（北京市通州区于家务乡中心小学高洁老师执笔）

62 劳动者大接龙

活动简介

"劳动者大接龙"分成两个阶段：首先，根据描述说出劳动者的名称，让学生明白社会的进步，生活的改善，都要依靠每一个人的辛勤劳动和不懈付出；其次，抽取图片，根据图片中商品的种类说出整个产品生产过程中参与的劳动者。

内容版本：统编版小学《道德与法治》教材。
活动时间：10分钟。
工具材料：商品彩图若干张。

前期准备

1. 教师对学生进行分组。
2. 选取学生生活中经常用到的商品若干，打印成彩图。
3. 准备好电脑投影设备。

实施步骤

1. 以20个学生为例，把学生分成5组，每组4人。
2. 全体同学热身活动，以小组为单位依次说出我们生活中劳动者的名称，要求5秒钟内接龙。最终获胜组加5分，其他小组依次加4分、3分、2分、1分。
3. 打开PPT，进入第一关："说出劳动者"，根据屏幕中诗句的描述抢答说出是哪种劳动者，答对的小组首先抽取资料（图片）进入第二关。
4. 第二关"围绕一种商品说出参与的劳动者"，最终说对几种加几分。
5. 一组完成后，其他的小组继续听诗句抢答，然后进入第二关，直到最后一组完成劳动者接龙活动。
6. 两次的成绩相加，分数最高的小组为优胜组。

注意事项

1. 热身活动中 5 秒钟内不能说出劳动者名称的视为淘汰。

2. 第二关小组成员依次说出劳动者名称，5 秒内没说出的组员即为淘汰，其他组员继续说。

3. 为了确保接龙时秩序井然，大家要保持安静。

活动卡片

$$\boxed{\text{商品彩图}}$$

活动视频略。

诗句：

1. 数度春风化绸缪，几番秋雨洗鸿沟。黑发积霜织日月，粉笔无言写春秋。
2. 忠魂碧血势铿锵，一片丹心为国帮。朗朗律章安百姓，恢恢天网保四方。
3. 医术高超驱疾病，生将痛弱变康宁。白头不改扶伤志，衣钵定循思邈心。
4. 少时依依别父母，一腔热血入军中。和平使命激将士，疆土边关舍命争。
5. 披星戴月晨昏忙，洁街净巷扫四方。三百洗路淋细雨，秋清落叶踏寒霜。
6. 喧嚣稳坐斗屋间，分秒凝神掌舵盘。站站渡人也渡己，胸怀坦荡路途宽。
7. 网上网下无休眠，屏内屏外几重天。旦栖夜宿键盘里，敢叫创意换人间。
8. 身无彩凤双飞翼，心有灵犀一点通。义山诗句今又来，轻叩家门万千重。

（北京教育科学研究院通州区第一实验小学邢东海老师执笔）

63 有计划地消费

——量入为出

活动简介

本活动贴近学生的实际生活，从学生日常生活中零花钱的使用入手，引发学生对自己日常消费的关注，明白在生活中要量入为出，合理消费。同时，通过填写春游消费计划表的形式，让学生学会根据实际需求合理规划消费，从而积累生活经验，提升生活能力和自理能力。

> 内容版本：统编版小学《道德与法治》教材。
> 活动时长：10分钟。
> 工具材料：
> 1.《一周零花钱使用统计任务单》。
> 2.《春游20元消费计划表》。

前期准备

1. 教师设计课前《一周零花钱使用统计任务单》，学生利用一周时间填写好该统计任务单。

2. 教师设计《春游20元消费计划表》。

3. 教师提前了解学情，关注四年级学生现在热衷消费的领域。

4. 教师提前准备好教具和多媒体设备。

实施步骤

1. 以30个学生为例，把学生分成5组，每组6人。

2. 第一轮活动：学生先在小组中交流自己的《一周零花钱使用统计任务单》，讨论后，选2~3组，由组长或者小组派代表简单汇总本组成员一周零花钱使用情况，不同小组之间进行补充和提问。

3. 教师根据提前了解到的任务单填写情况，找到有代表性的任务单（如超支或者买了很多不必要的玩具等）展示给学生，学生进行讨论，从而激发思考。

4. 根据学生的讨论和回答，教师进行引导和提升，提示学生在生活中要根据实际需要购买物品，不盲目、不攀比，学会合理地消费，并总结出合理消费的注意事项。

5. 教师出示《春游20元消费计划表》，学生根据刚刚总结的合理消费的方法进行填写，选择春游时要买的必需品。

6. 教师在学生填写时，及时关注填写情况。

7. 指定学生分享自己的填写结果和理由，并积极鼓励其他学生进行评价，学生之间看看谁的计划比较合理，及时进行补充、完善，给出合理建议。

8. 教师总结并进行情感提升。

[注意事项]

1. 教师在学生填写完《一周零花钱使用统计任务单》后，要及时收集起来进行整理、了解，充分关注学生使用零花钱的不同情况，以便于在课堂中有针对性地引导学生发言。

2. 任务单和计划表可以根据所任教班级的学生的具体情况进行适当调整。

3. 如果在任务单中，所有学生填写的都很合理，就要进行调查和验证，看学生是否认真地、根据实际生活如实地进行了填写。同时要做好准备和预设，设计不合理花钱的范例或者情境。

[活动卡片]

1.《一周零花钱统计任务单》。

一周零花钱统计任务单

一周零花钱金额	购买的物品	金额	零花钱剩余或超支金额
（　　）元		元	A 剩余（　　） B 超支（　　） （以上用"√"在括号内勾选） 金额:（　　）元
		元	
		元	
		元	
		元	
仔细观察消费支出，你有什么发现？			

2.《春游20元消费计划表》。

提示语：假如春游前，妈妈给了你20元让你到超市购买所需物品，剩下的钱你可以在春游中自由支配，你会准备些什么？请将你的选择填写在表格中，并简单说说你这样消费的理由。（附部分物品参考价格，可以从中选择，也可以根据生活经验自由选择）

物品价格： 矿泉水2元　　面包4元　　火腿肠2元　　可乐3元

　　　　　 汉堡12元　　 水果8元　　妈妈制作的寿司0元

　　　　　 牛奶2元　　　泡泡糖2元　遮阳帽10元

　　　　　 巧克力4元　　辣条2.5元

春游20元消费计划表

物品名称	价　格	我这样安排的理由
合计	（　　）元 [是否有剩余：（　　）元]	

（北京第二实验小学通州分校尹达斐老师执笔）

64 变废为宝有妙招

> **活动简介**
>
> 在垃圾分类环节中,基于学生的生活经验,小组成员合作将垃圾进行初分类,并通过视频学习及教师讲授将垃圾再次分类,最终通过游戏体验学会垃圾分类。

> 内容版本:人教版。
> 活动时长:三次分类,每次 5 分钟,共计 15 分钟。
> 工具材料:
> 1. 每名学生:一张"生活中的垃圾"问卷。
> 2. 每个小组:垃圾分类学习单一张、各种垃圾卡片若干、垃圾分类桶 4 个、马克笔一支。

> **前期准备**

1. 教师准备:

(1)教师对学生进行分组;

(2)围绕学生生活的衣食住行用等方面设计"生活中的垃圾"问卷(每人一份);

(3)每组准备垃圾分类学习单一张、各种垃圾卡片若干、垃圾分类桶 4 个、马克笔一支,共四组。

2. 学生准备:

学生调查收集生活中能接触到的垃圾,并将一日垃圾拍照发给教师。

> **实施步骤**

1. 以 30 个学生为例,把学生分成 6 个小组,每组 5 人。

2. 第一轮学生分享问卷调查结果，教师PPT展示"一日垃圾"照片，引出垃圾的危害，提出垃圾分类的需求。

3. 小组活动：每组桌面上有一套分类垃圾桶，仔细观察垃圾桶的颜色和标志，然后试着将垃圾分分类，一边分类一边总结分类方法。然后以小组为单位讨论并完成分类学习单（将垃圾名称贴在学习单的分类垃圾桶中），活动时间3分钟。

4. 各组展示自己小组在其他组将分类完的学习单贴到黑板上，组内成员分享活动发现（活动时间3分钟）。

5. 第二轮"垃圾再分类"开始，观看视频《在北京如何进行垃圾分类》。

小组合作：按照视频及老师教的分类方法，合作改正大家的分类方法，活动时间2分钟。

6. 第三轮"完成垃圾分类"。

教师活动：带领学生一起在黑板上完成垃圾分类。活动时间3分钟。

注意事项

1. 以问卷调查的方式，让学生写下每天会接触到的垃圾，让垃圾分类从生活走向课堂。

2. 为了让学生多观察生活，可要求他们用相机记录每天倾倒的垃圾。

活动卡片

1. "生活中的垃圾"问卷。

家庭一日垃圾调查

班级_____　　姓名_____

（1）____月____日，你家产生的垃圾有哪些？请填写在下面的表格中。

1.	4.	7.
2.	5.	8.
3.	6.	9.

（2）你家的垃圾是怎样处理的？

2. 学生垃圾分类活动材料。

3. "垃圾分类"学习单。

（北京市朝阳区芳草地国际学校甘露园分校孙晓萌老师执笔）

65 节约资源我能行

活动简介

"节约资源我能行"通过三次分水果的活动体验逐层深入，通过观察、交流，使学生深入浅出地体会资源的获取要适度，既要满足当代人的需求，还要考虑到后代人的生存发展。

内容版本：首师大版。

活动时长：15分钟。

工具材料：

1. 准备画有爷爷奶奶的祖辈头像、爸爸妈妈的父辈头像、男孩女孩的孙辈头像。
2. 准备8张苹果图片，每一张后面是水、森林、天然气、铁等资源图片。
3. 每组准备6个桔子。

前期准备

1. 教师对学生进行分组。

2. 课前调查活动：了解自己家客厅摆设的材料以及属于什么资源，使学生了解资源与日常生活的密切联系，并用思维图进行梳理。

3. 准备画有爷爷奶奶的祖辈头像、爸爸妈妈的父辈头像、男孩女孩的孙辈头像，每组准备桔子6个。

实施步骤

1. 第一次分水果（活动时间5分钟）。

（1）模拟活动：教师创设一个温馨的家庭环境，跟学生交流每个人的家庭成员情况，教师在学生分享的基础上引导学生了解爷爷、奶奶、姥姥、姥爷代表祖辈，贴出画有爷爷奶奶的祖辈头像；爸爸妈妈代表父辈，贴出画有爸爸妈妈的父辈头像；同学们代表孙辈，贴出画有男孩女孩的孙辈头像。在一家人欢聚一堂的情况下，请同学们给祖辈、父辈、孙辈三代分一次水果。

（2）孩子说说分配的理由（我们在德育教育中一直渗透的孝顺长辈的思想自然体现在家庭分水果的环节上，通过分水果，体现出家庭的和睦、谦让，以及尊敬老人的传统美德）。

2.第二次分水果（活动时间5分钟）。

（1）发现问题，引发思考：老师把红艳艳的苹果翻转后，一下子变成身边的资源——水、石油、森林、铁等，教师让学生思考，能不能这样分配，并说说理由。

（2）第二次分水果，以地球上的水资源为例，每个小组对有限的水资源重新分配。小组用两个桔子代表所有的水资源，三个人分别扮演祖辈、父辈、孙辈，组长进行实践活动：每一代人如何获取有限的水资源？带领小组讨论交流：每一代人拿走多少水，为什么拿这么多？

（3）各组将分好的物品按祖辈、父辈、孙辈的顺序摆放在实物投影上，说明自己的理由。

（4）教师追问扮演孙辈的孩子：你以后会不会有子孙？你的子孙还会不会有子孙？那只有这点水了，你们的子孙该怎么办呢？

3.第三次分水果（活动时间5分钟）。

（1）通过第二次分水果引发学生有关再次分配的思考，如何考虑子子孙孙后续的水资源的获取。在此基础上，小组同学再次分配水资源。

（2）组长带领小组讨论交流：这次应该如何获取资源？怎样获取资源更合理？

（3）各组将分好的情况摆放在实物投影上，说明自己的理由。

（4）大家进行评议，谈谈自己的活动启发。

| 注意事项

1.第一次分水果时，学生对于家庭中的代际关系不理解，因此，后来教师创设家庭氛围，让他们置身于熟悉的情境中讲解代际关系就很容易突破难点。

2.在第二次、第三次分水果的过程中，每个小组分别有扮演祖辈的、父辈的、孙辈的同学，将相应头饰贴在胸前，教师要给予学生充分阐述理由的时间，这有利于学生深度理解资源有限，节约资源的必要性。

（北京市朝阳区白家庄小学杜文丽老师执笔）

66 对白色污染说"不"

活动简介

对白色污染说"不"这个活动分为三个环节：第一个环节是"分享思维导图"，梳理利弊。通过分享思维导图了解环境污染问题，从生活走进课堂，为后面的深度分析打下基础。第二个环节是让学生多角度分析问题，客观看待"白色垃圾"污染环境的问题，然后生成"减塑"方案。第三个环节是回归生活，让学生分析在生活中我们应该怎么做，真正使活动服务于生活，这样的安排使学生不仅了解了污染的成因，并且用一种积极、乐观的态度来面对环境污染问题。

内容版本：人教版。
活动时长：三次活动，第一次5分钟，第二次10分钟，第三次5分钟。
工具材料：
1. 每组学生：一份"我所了解的环境污染"资料（思维导图）。
2. 每名学生：红、黄、绿三种颜色的态度牌各一张。
3. 教师：海报纸三张，评价用小贴纸若干。

前期准备

1. 教师准备。
（1）教师对学生进行分组。
（2）组织学生进行课前调查。
2. 学生准备。
学生调查收集生活中的环境污染现象，运用思维导图进行梳理，带到课堂上准备分享。

> 实施步骤

1. 第一阶段活动：汇报思维导图，梳理利弊。

各小组将课前完成的思维导图贴到黑板上，老师请三组同学做代表来交流展示本小组的思维导图。

2. 第二阶段活动：分析利弊，客观看待。

听了大家的汇报，我觉得这些东西真是"坏家伙"，破坏了我们的环境，塑料制品无处不在，如塑料餐盒、塑料桶、塑料袋等，它们很难降解，那么我们该怎么做呢？学生进行"塑料制品大探讨"。

（流程：选择立场—观点磋商—分享观点—形成认知）

（1）选择立场：

三种立场：

①塑料其实有很多优势，所以我愿意继续使用塑料制品。

②塑料不可以降解，所以我以后会抵制塑料产品。

③视情况而定。

准备材料：红、黄、绿三种颜色的态度牌。

分小组：不同观点的同学站成不同的小组。

（2）观点磋商：

小组按照观点分桌进行观点关键词梳理，梳理后将关键词贴在黑板上。

（3）分享观点：

学生积极举手表达自己的观点，也可针对他人的观点提出不同见解。在相互交换意见的过程中渐渐达成共识。此过程中学生可以更换立场，也可以更换小组。

（4）形成认知：

通过刚才的辩论，我们发现，塑料不是"坏家伙"，真正让我们的环境恶化的是塑料制品的过度使用。

3. 第三阶段活动：回归生活，"减塑"生活。

我们不能因为塑料不可生物分解而放弃这种材料，而是合理使用它。在生活当中，我们该怎么做呢？

小组讨论：我的"减塑"方案。

①使用布袋和纸袋代替塑料袋。

②使用可降解的塑料袋。

③妥善丢弃塑料垃圾。

……

教师梳理：不仅是使用塑料，在我们生活中，衣食住行很多方面都可能造成污染，我们不能为了避免污染，就把造成污染的源头全部"斩断"，而是趋利避害，减少污染。只要我们坚持为环保做一些力所能及的事情，我相信，我们一定能为生活添一些绿色。环境保护靠大家，勿以恶小而为之。你们能做到吗？

注意事项

1. 为了确保活动的有效性，学生在举态度牌时要表明自己的真实态度。

2. 在学生积极举手表达自己的观点时，也可针对他人的观点提出不同见解。在此过程中，学生可以更换立场，可以更换小组。

活动卡片

1. 学生绘制的思维导图海报。

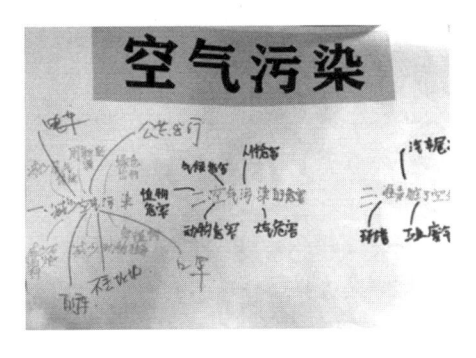

2. 学生的调查问卷。

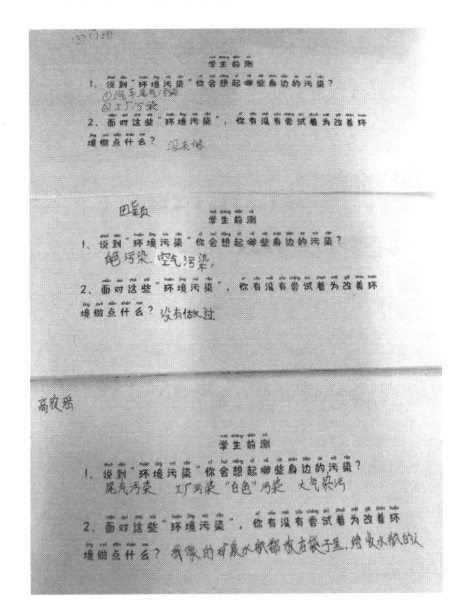

（北京市朝阳区白家庄小学鲁祎萌老师执笔）

四年级 · 179

67 遥控器"争夺战"

活动简介

首先,通过家中最常出现的"电视遥控器争夺潜台词",分小组进行角色扮演,回味感悟"台词"中蕴含的意义。其次,就"我家中的电视遥控器'争夺战'"及"巧平息"的好方法进行全班交流分享,体会父母对孩子健康成长的关爱。

内容版本:统编版小学《道德与法治》教材。
活动时长:10分钟。
工具材料:
1. 每名学生:一张《家庭电视遥控器争夺战调查单》。
2. 电视"遥控器争夺"表演剧道具:头饰/角色名牌、服装、桌椅等。

前期准备

1. 教师对学生进行分组,每组选派一名小组长。
2. 围绕学生家庭生活情况设计《家庭电视遥控器争夺战调查单》。
3. 学生课前根据自己实际情况完成的学前调查单,课前自由组合小组进行"电视遥控器争夺"表演剧排练,并依据表演剧所需,准备相应的表演道具。
4. 教师搜集一些"争夺潜台词",把潜台词录制成不同人的音频,制作教学PPT,增强学生课堂体验感。

实施步骤

1. 以30个学生为例,把学生分为5组,每组6人,各选出一名小组长。
2. 与小组同学分享自己填写的学前调查单第一项,和小组同学简单交流调查单中的内容。
3. 学生分小组探讨交流:在这一场场斗智斗勇的"电视遥控器争夺战"中,

我们在争什么？抢什么？（时长：2分钟）

交流内容：

（1）谁和谁在争？

（2）争的是什么？（原因）

交流要求：

（1）围绕主题。

（2）控制音量，不要影响其他组的同学。

（3）交流时间：2分钟。

4.学生分享自己的亲身经历。教师适当总结：内容，时间，文明……（时长：2分钟）

5.学生交流"争夺战巧平息"的好方法。（时长：1分钟）

6.学生按自由组合的小组分不同场景上台演一演"家庭电视遥控器争夺战"，其他学生观看过程中品味表演剧中的真实语言。（时长：2分钟）

7.学生再仔细听一听老师课下搜集到的一些"争夺战"中经典的潜台词。（时长：1分钟）

8.学生再次回味表演剧中及老师搜集到的"争夺潜台词"，感悟其中蕴含的情感，让学生谈一谈自己的感受。体会到父母对我们的每一句管教、每一次约束背后都是对我们健康成长的关心和爱护。（时长：2分钟）

注意事项

1.为了确保本次活动学生的体验、感悟真实，课前调查单一定要结合自己的实际生活情况认真填写，在填写前，教师要特别跟学生强调调查单的真实性。

2.学生根据自己家庭中电视"争夺潜台词"，课前自由分组进行排练，由于人数、时间等条件的限制，表演剧可以让学生自由分组完成。

3.教师课前要对学生的排练有所指导，学生的"争夺战"最好倾向于不同方面，这样比较有代表性，更能加深学生的感悟。

4.为增强学生的体验，教师课前搜集3句左右的"争夺潜台词"，每句"台词"要找不同人录制成音频，让"台词"更有画面感、真实感。

5.学生讨论"争夺战"的时间控制在1分钟左右，讨论内容要围绕两个方面的问题进行。

6.表演剧要结合自己的亲身经历，不应过于夸大表演，表演内容及语言要积极健康，不要为了效果而有过激的言辞。

> 活动卡片

1.《家庭电视遥控器争夺战调查单》。

家庭电视遥控器争夺战调查单

姓名：	班级：
争夺起因：	
"争夺战"中的"潜台词"：	
模拟表演简要过程：（时间、场景、角色……）	
品味台词中的含义：	

2.搜集"争夺战"中的"潜台词"（录制音频）。

（1）整天就知道看电视，也不知道学习！作业写完了吗？

（2）看了多长时间了，眼睛还要不要？

（3）赶紧吃饭，别老一边吃一边看电视。

……

（北京市门头沟区大台中心小学温婧老师执笔）

68 我给广告分分类

【活动简介】

本活动分为三个阶段：首先，寻找生活中的广告，完成课前任务单，在课上交流分享；其次，通过"给广告分分类"的活动感受广告的多样性，培养学生多角度分析问题的能力；最后，渗透公益广告这一类别，引导学生全面认识广告。

内容版本：统编版小学《道德与法治》教材。

活动时长：10分钟。

工具材料：

1. 每名学生：一张"广告世界知多少"的课前任务单。

2. 每个小组：一张"我给广告分分类"学习单、彩笔。

【前期准备】

1. 教师对学生进行分组，每个小组推选一名小组长。

2. 设计课前调查表，让学生寻找身边的广告并用自己喜欢的方式记录下来。

3. 设计"我给广告分分类"课堂任务单，课上学生利用任务单给广告分类。

4. 公益广告欣赏视频（4～5条精简广告即可）。

5. 将几条涉及不同方面的公益广告语展示在教学PPT上。

【实施步骤】

1. 以30个学生为例，把学生分为5组，每组6人，各选出一名小组长。

2. 学生完成课前任务单，寻找身边的广告2～3条并记录下来。

记录要求：

（1）写出2～3条生活中见到的、听到的广告。

（2）可以用文字、图画等多种形式记录在任务单上。

（3）按照时间节点完成任务单，并交给老师。

3. 教师对学生的任务单进行整理。针对学生课前调查的广告，在课堂上出示部分广告，请搜集这条广告的学生快速说出这条广告。

4. 小组长组织本组同学组内交流搜集到的广告。

5. 利用课前搜集到的以及日常生活中观察到的广告，以小组为单位给广告分分类。

分类要求：

（1）你的分类依据是什么？

（2）把讨论出的分类依据用喜欢的方式展现在学习单上。

（3）分类结束后，由每组的小组长进行汇报。

6. 小组长汇报分类结果，谈谈通过这个活动，发现了什么？让学生体会到广告种类多样。

7. 结合不同小组学生的分类结果，有的小组通过课前的观察、搜集发现了公益广告，进而引出"公益广告"这一类广告。学生凭借自己的理解或平时的观察，说一说什么是公益广告。

8. 欣赏公益广告短片。

9. 结合自己的实际生活，设计一条公益广告语。教师随机请几名学生说一说自己的创意公益广告语。

要求：契合生活经验，内容积极向上，有教育意义即可。

注意事项

1. 在课前给学生提出要求，要在规定的时间内完成任务单并及时上交。教师对学生课前任务单中搜集的广告进行整理，制作教学 PPT，要图文并茂，激发学生的学习积极性。

2. 活动过程中指导学生针对广告进行分类，在分类过程中遵守分类活动的要求，保证纪律。

3. 为方便小组将分类结果更清晰地展示出来，"我给广告分分类"课堂学习单为 A3 大小。学生在完成时最好用醒目的颜色标注。学习单的设计不要限制学生的思维，鼓励学生通过小组合作的形式将分类结果用不同方式展现出来。

4. 公益广告欣赏环节不宜太长，节选 4~5 条广告，时长 1 分钟之内。公益广告的选择最好是学生耳熟能详、电视中常播出的。

5.学生进行公益广告语创意设计的同时,教学PPT中出示几条不同方面的公益广告语供学生参考。学生设计的广告,内容要积极向上。

> 活动卡片

1.课前任务单。

课前任务单

请你搜集2～3条广告

温馨小提示

按时完成任务并上交的同学,有意想不到的收获哟!快快行动起来吧!

2.课堂学习单。

我给广告分分类

3.公益广告欣赏推荐。

(1)垃圾分类分小萌公益广告片。

(2)梦娃——社会主义核心价值观公益广告。

(3)关爱小动物公益广告。

(4)兔小贝公益广告系列。

4.参考公益广告语。

(1)垃圾有家我送它,保护环境你我他。

(2)保护动物,就是保护我们的同类。

(3)节约一滴水,地球更美丽。

(4)一时的快乐,永恒的伤痛——请勿吸烟。

(北京市门头沟区大台中心小学温婧老师执笔)

五年级

# 69 记忆中的圆明园

> **活动简介**

圆明园是举世闻名的"万园之园",但是它的美只停留在历史的记忆中,它的被毁留给中国人永远的遗憾。学生通过研究昔日圆明园中的一处景观,感受古人的聪明才智和传统文化的魅力,从而更加铭记历史,珍视当下。

内容版本:统编版小学《道德与法治》教材。

活动时长:12 分钟。

工具材料:每组一张"记忆中的圆明园"调查记录单。

> **前期准备**

1. 为学生播放圆明园的纪录片,让学生对于圆明园的建筑、文化有初步了解。

2. 学生在父母陪同下,利用课余时间参观圆明园遗址公园,并写下自己的参观心得。

3. 师生讨论:圆明园的主要景观体现了怎样的传统文化和建筑技法?

> **实施步骤**

1. 教师将全班同学每 6 人为一组,分成若干小组。小组内根据组员的不同特点,自行分工,选择主题。

2. 小组确定主题之后,通过查阅资料、访谈、实地考察等方式进行研究,在研究过程中做好记录,留存资料。

3. 选择合适的方式进行汇报,如讲解、绘画、PPT、视频等方式。

4. 每组选一名同学为大家简单介绍前期研究成果。

5. 师生之间交流、感受圆明园景观所蕴含的文化。

注意事项

1. 小组汇报时，不必将前期研究成果全部展示，只介绍这处景观最突出的地方即可。全部的材料可以在课下和同学们继续交流。
2. 小组汇报控制发言时间，在 2 分钟之内。
3. 针对小学生的年龄特点，在研究及交流过程中，不必追求过于深入，学生能够对相关话题产生兴趣及继续研究的愿望即可。

活动卡片

"记忆中的圆明园"活动记录单，由小组组长负责填写，做到真实准确。

"记忆中的圆明园"
小组成员：
研究主题：
景观的最大特点：
汇报方式：

（北京市东城区前门小学刘光宇老师执笔）

70 我是探究小达人
——"祖国多辽阔？"

活动简介

该活动分成两个阶段：第一阶段，阅读"中国在世界中的位置图"找一找祖国的位置，初步了解祖国的位置并感受祖国在世界中的位置；第二阶段，在了解了祖国位置的基础上，小组探究并交流"祖国多辽阔"，从而知道中国是世界上疆土辽阔的国家之一，增强民族自豪感。

内容版本：统编版小学《道德与法治》教材。

活动时长：12分钟。

工具材料：

1. 每名学生：一张"中国在世界中的位置图"和一张世界政区图。

2. 每个小组：一个华为Pad查询资料、一张探究小达人汇报卡（电子或纸质卡）。

前期准备

1. 教师对学生进行分组。

2. 学生围绕"祖国多辽阔？"搜集资料，准备用自己喜欢的方式小组汇报。

3. 小组汇报——我是探究小达人探究卡。

实施步骤

1. 中国在世界中的位置。

（1）以30个学生为例，把学生分成6个小组，每组5人。

（2）第一轮活动，学生阅读"中国在世界中的位置图"，找一找祖国的位置，活动时间1分钟。

（3）学生说一说中国在世界中的位置，活动时间1分钟。

（4）学生填写探究卡。中国在世界的位置：祖国位于世界的东方、亚洲的东部、太平洋西岸，活动时间2分钟。

2. 小组交流汇报"祖国多辽阔？"。

（1）第二轮活动，学生小组探究"祖国多辽阔？"，小组选一个点准备组际交流，活动时间3分钟。

（2）学生小组填写"祖国多辽阔？"探究卡，活动时间2分钟。

（3）学生小组组际间分享交流，用自己小组喜欢的方式就某一点交流，活动时间3分钟。

【注意事项】

1. 为了确保活动的有效性，学生在课前要搜集一些相关的资料，教师也要准备地图和相关资料。

2. 学生小组可以选择自己喜欢的方式交流。

3. 引导学生从不同角度（地图、数字、风景、旅行经历等）思考辽阔的祖国疆土。

【活动卡片】

我是探究小达人

祖国多辽阔？

祖国在世界中的位置：

祖国多辽阔？（可以用数字、图表、地图、旅行资料等说明）

我们小组可以用数字和图表来说明祖国面积大……

我们小组可以用诗歌的方式来告诉大家祖国面积大……

我们小组可以带着大家看地图说明祖国面积大……

我们小组可以从旅行经历告诉大家祖国面积大……

我们小组可以用计算的方法说明祖国面积大……

……

（北京第一师范学校附属小学张天旭老师执笔）

71 "撕纸"：沟通的游戏

活动简介

"撕纸"活动是教师为引导学生认识到沟通和交流在人与人交往中的重要意义而设计的教学活动。通过"撕纸"活动，学生体会到面对同一事物时，每个人都会有自己的思考和理解，引导学生在与人交往时，注重沟通和交流，以达成共识。

内容版本：统编版小学《道德与法治》教材。

活动时长：10分钟。

工具材料：

1. 两张A4纸。
2. 以教学班级30个学生为例，准备30个磁力扣。

前期准备

1. 制定"撕纸"活动要求和活动口令。

活动要求：活动时学生要闭上眼睛、不出声音，按照活动口令开展活动。

活动口令：将纸对折，再对折，旋转90度，撕掉纸的右上角，再将纸旋转180度，撕掉纸的左上角。

2. 每位学生准备两张A4纸，放在课桌一角。

3. 以教学班级30个学生为例，准备30个磁力扣。

实施步骤

1. 教师引导：同学们，我们一起来参加撕纸活动，请拿起桌上的白纸，闭上眼睛，不出声音，按照口令进行活动。

2. 教师提出撕纸的口令：将纸对折，再对折，旋转90度，撕掉纸的右上角，再将纸旋转180度，撕掉纸的左上角。

3. 学生按照口令操作。

4. 教师引导学生睁开眼睛，将自己的作品打开，欣赏一下自己的撕纸作品。

5. 教师引导学生将作品贴到黑板上。

6. 学生贴作品。

7. 教师组织学生观察作品。

8. 教师提问：看了同学的作品，你有什么发现？

9. 教师追问：大家在撕纸时听到的都是同一个口令，为什么会有这么多种不同的作品呢？

10. 学生交流。

11. 教师小结：每个人对口令都有自己的理解，大家都按照自己的理解来折纸、撕纸，所以就会出现这么多种不同的作品。

12. 教师提问：我们怎么做，才能让大家的撕纸作品一样呢？

13. 学生交流。

14. 教师提问：刚才我们在撕纸的过程中都是按照自己的理解来撕的，看来缺乏沟通和交流可能就不好达成共识，那咱们再做一遍试试吧。这次我们怎么做，大家的作品就能一样了？

15. 学生交流。

16. 教师引导：这次我们加强沟通和交流，大家边做边沟通，看看结果如何。

17. 教师再次组织学生开展撕纸活动。

18. 教师提出"撕纸"活动口令：将纸对折，再对折，旋转90度，撕掉纸的右上角，再将纸旋转180度，撕掉纸的左上角。

19. 学生和教师及时沟通。

20. 教师在与学生沟通的过程中，逐渐完善口令要求：将纸横向对折、再竖着对折，左手捏着对折后纸的中心点，长边在左、短边在下，顺时针旋转90度，撕掉纸的右上角，再将纸顺时针旋转180度，撕掉纸的左上角。

21. 教师组织学生睁开眼睛，看一下自己这次的作品，再和周围同学的作品比较一下。

22. 教师提问：通过这个活动，你获得了怎样的启示？

23. 学生交流。

24. 教师总结：在撕纸的过程中，虽然口令一样，但是每个人对口令的理解却不同，增强彼此之间的沟通和交流，可以让大家更好地了解彼此的想法和问题，及时调整方案，解决问题，从而使我们的作品更加协调一致。

> 注意事项

1.第一次撕纸活动前，教师要强调学生闭上眼睛进行，才能不受外界信息干扰，全面激发学生大脑的思考力，按照自己的理解来操作。在撕纸过程中，教师还要再次强调学生不要睁开眼睛，不要看其他同学的作品，以免学生对自己的作品产生怀疑。

2.第二次撕纸活动中，教师要关注学生与自己的沟通。教师不要急于下命令，而是要给予学生发现问题的时间，待大家统一意见后，再进行操作。这样做旨在引导学生认识到沟通的重要性。

3.课堂中要关注活动的生成，尤其在第二次撕纸时，大家都想及时与老师沟通。教师要适时提出要求，引导学生认识到"当同学的意见与你一致时，要学会倾听，老师一定会给每一位同学充分表达的机会的"。

> 活动卡片

（北京市石景山区爱乐实验小学张洁老师执笔）

72 我是小小土地规划师

活动简介

本活动分为两个阶段：第一阶段，设计三组物产，并提出能否互换这一问题，学生在深入思考中了解多样的地形、地貌与人们的生产生活有着密不可分的关系；第二阶段，针对不同地形进行合理的土地规划，了解到"一方水土，一方生活"离不开人们的智慧与创造。

内容版本：统编版小学《道德与法治》教材。

活动时长：12分钟。

工具材料：

每个小组准备具有明显地形特征的素描图（平原、山地）2张；农作物、牛羊动物、鱼、树木等物产贴纸若干，胶棒一支，彩笔一盒。

前期准备

1. 教师对学生进行分组。
2. 查阅北京地区的主要地形种类及土地资源利用情况。
3. 绘制具有明显地形特征的素描图，制作相关物产贴纸卡片。

实施步骤

1. 第一轮活动"换一换，行不行？"，教师相机以动画形式出示三组图片。

新疆的哈密瓜	青藏高原的牦牛	青藏高原
四川盆地柑橘	长江中下游平原的水牛	东南丘陵茶叶

提问：同学们，这些地方的水果、动物及作物可不可以互换种植或喂养？为什么？

总结：不能互换，因为各地区的地形地貌、气候、土壤等不同，交换种植、喂养，这些动植物将无法存活。

2. 以 36 个学生为例，把学生分成 6 个小组，每组 6 人。

3. 小组活动"我是小小土地规划师"，明确活动要求。

（1）下发两幅地形示意图：

一幅山地、丘陵地形特点的示意图。

一幅平原、河流地形特点的示意图。

（2）选择一幅图进行研讨：怎样合理又充分地利用当地的地形，更好地发展生产，方便人们生活？

（3）选取适当的物产、资源、建筑等卡片贴在相关示意图上。

（4）也可以充分发挥想象，用彩笔进行绘画设计。

4. 学生活动，教师巡视指导。

5. 全班交流，并下发评价表，开展组组互评。

评价标准：

A. 土地规划设计是否合理地利用了当地的地形。

B. 土地规划设计中的土地利用是否充分。

C. 土地规划设计是否更好地发展了当地的生产，方便了人们的生活。

6. 结合修改建议进行二次修改。

7. 全班总结：一方水土，一方生活，人们的幸福生活离不开大自然的馈赠，更离不开人们的智慧与创造。

注意事项

1. 注意团队协作，鼓励每个学生在小组内分享自己的想法和理由。

2. 汇报过程中能够将自己的想法恰当地表达出来，并能够结合同学提出的合理意见进行修改完善。

3. 组组互评要客观。

| 地形示意图 |

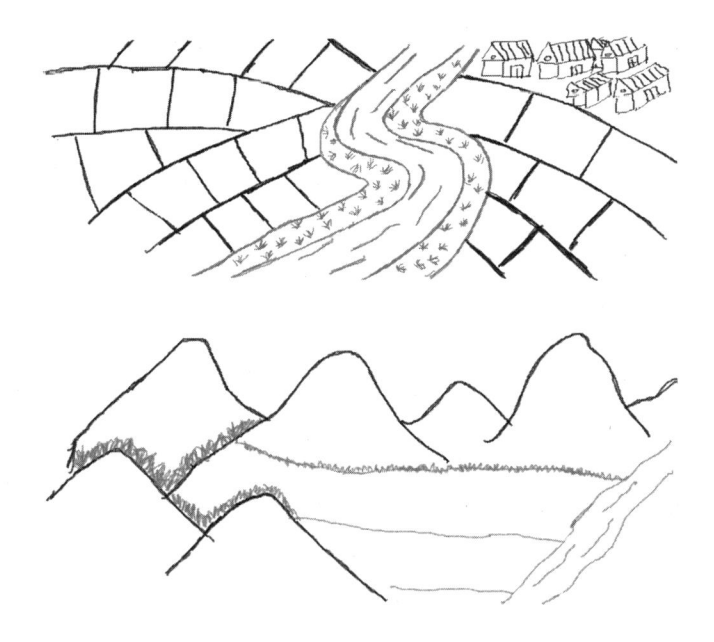

(北京市海淀区实验小学魏赛男老师执笔)

73 民族文化小使者

活动简介

"民族文化小使者"活动分成三个阶段：第一阶段，"少数民族知多少"，请同学从地图中找出我国五个少数民族自治区，了解我国是一个多民族国家，同时了解民族分布的特点；第二阶段，"民族知识接力赛"，让学生了解各民族有许多特有的民族文化和习俗；第三阶段，即"民族文化小使者"阶段，学生利用课前收集的资料，通过介绍、表演等形式介绍各民族的生活、文化习俗，推广各民族的民俗文化，提升民族自信心，形成文化认同。

> 内容版本：统编版小学《道德与法治》教材。
> 活动时长：12分钟。
> 工具材料：
> 1. 中国地图、知识竞赛题。
> 2. 抢答牌、计时器。

前期准备

1. 分组：将30名学生分成5组，每组6人，每组各选出一名组长。
2. 物品准备：
（1）中国地图、知识竞赛题。
（2）民族服饰、民族节日、民族建筑、民族美食、民族文化的图片。

实施步骤

1. 以30名学生为例，将学生分成5个小组，每组6人。
2. 第一步："少数民族知多少"。
教师出示中国地图，请5名同学上前观察，找出我国的五个少数民族自治区，了解自治区的含义，了解我国是一个多民族国家及民族分布特点。

3.第二步："民族知识接力赛"。

教师课前准备民族知识竞赛题，利用知识竞赛的形式开展活动，学生以组为单位，举牌抢答，发现55个少数民族有许多特有的本民族民俗文化。

4.第三步："民族文化小使者"。

（1）明确活动要求，利用课前收集的资料进行展示。

（2）各组选出组长，按照民族服饰、民族节日、民族建筑、民族美食、民族文化五个方面进行分组。

（3）组长代表全组发言，展示兼具多样性，其他小组成员补充。

活动小结：我国是一个多民族国家，各民族都有自己特有的民族文化，我们不仅需要了解各个民族的文化，更要学会尊重少数民族的民族文化，做民族文化推广的小使者。

注意事项

1.教师在获取教学资源时，应从正规的国家发布的网站中获取中国地图，避免出现纰漏。

2.知识竞赛抢答环节容易出现混乱，教师注意在比赛开始时说清竞赛规则，保证课堂秩序。

3.小组查找资料时，每位学生都应积极参与其中，保证学生的参与度和知识的准确性。

（北京市海淀外国语实验学校孔佳老师执笔）

74 体验活版印刷术

活动简介

本活动旨在通过七个文字在活版印刷术中的排版体验及与雕版印刷术进行比较，感受活版印刷术不仅能够节省人力、物力和时间，使用起来也方便灵活，大大提高了印刷的速度，促进了文化的发展。同时引导学生进一步体会到中国古代劳动人民无穷的智慧，以及中国作为四大文明古国之一的灿烂文化，增强民族自豪感。

> 内容版本：统编版小学《道德与法治》教材。
> 活动时间：10分钟。
> 工具材料：
> 1. "小""羊""在""山""上""吃""草"这几个字的卡片。
> 2. 印有"小羊在山上吃草"这一整句话的卡片。
> 3. 装卡片的信封。

前期准备

1. 教师对学生进行分组。
2. 打印上课需要用到的文字卡片。
3. 调好多媒体设备并准备好上课用的PPT等。

实施步骤

1. 以40个学生为例，将学生分成5组，每组8人。
2. 教师PPT呈现雕版印刷术及相关图片，引导学生简单说一说雕版印刷的方法，用印有"小羊在山上吃草"这句话的卡片进行简单演示，之后引出活版印刷术的概念。

3. 学生自由发言，说一说活版印刷术的方法。

4. 小组活动（3分钟）：

（1）明确活动要求。

（2）学生以小组为单位，利用提前分发到各组的文字卡片进行体验和讨论，看看"小""羊""在""山""上""吃""草"这七个字，能排出多少个活版呢？

5. 各小组派代表到讲台上分享自己的体验结果，并互相补充或质疑。

6. 教师根据学生的汇报，用PPT呈现出所有的活版排列内容。

7. 小组讨论探究（2分钟）：与雕版印刷相比，活版印刷有哪些优势？

8. 学生分享讨论结果，并互相补充完善。

9. 教师总结提升。

注意事项

1. 本次活动中只用到了很典型的一句话让学生体验活版印刷术，所以体验稍有局限。后续可以将体验活动拓展到课后，开展类似的不同文字内容的活字排版小游戏。

2. 活动过程中，要引导学生充分进行讨论、发言以及质疑和补充，充分体现学生的主体作用。

3. 如果条件允许，可以购买活字印刷教具，让学生进行更真实的现场体验。

活动卡片

草吃上山在羊小

小羊在山上吃草

（北京第二实验小学通州分校尹达斐老师执笔）

75 写写泥板上的楔形文字

活动简介

本活动通过创设模拟情景的方式引导学生探索文明发展与自然环境之间的关系，增强学生的实践能力和探索精神。

内容版本：统编版小学《道德与法治》教材。

活动时长：10分钟。

工具材料：每人一块胶泥（或黏土、橡皮泥等）和一根竹签（或一次性筷子、牙签等）。

前期准备

1. 教师根据学生人数进行分组。
2. 课件出示两河流域地貌，准备楔形文字、象形文字和汉字的"鱼"字。
3. 课前认识楔形文字的构造。

实施步骤

1. 以30个学生为例，把学生分成5个小组，每组6人。
2. 通过课件中的资料和图片了解古巴比伦所使用的楔形文字和相应的书写工具，并提出问题：古巴比伦曾经也使用象形文字，可后来逐渐使用楔形文字，这是为什么呢？
3. 小组讨论交流，说一说自己的想法。
4. 学生小组开始体验活动。（5分钟）

（1）明确活动要求。

（2）学生以小组为单位，利用提前分发到各组的泥板和木棍体验书写楔形文字和象形文字的"鱼"，看看哪种书写方式更便捷、准确。

5. 教师可酌情在学生模拟环节中进行巡视，看一看每组的进程，提示"泥板"这一道具与古巴比伦地貌的联系。

6. 各小组派代表到讲台上分享自己的讨论、体验结果，并互相补充或质疑。

7. 小组讨论探究（2分钟）：与象形文字相比，楔形文字的书写有哪些优势？古巴比伦使用楔形文字的原因是什么？

8. 学生分享讨论结果，并互相补充完善。

9. 教师总结提升。

注意事项

1. 如果时间允许，可以在课上继续展开讨论，探索楔形文字和象形文字的优缺点。

2. 活动过程中，教师要引导学生充分进行讨论、发言及质疑和补充，充分体现学生的主体作用。

活动道具与卡片

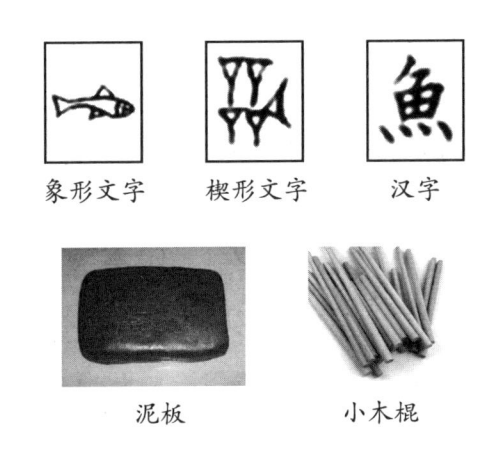

象形文字　　楔形文字　　汉字

泥板　　小木棍

（北京市通州区永顺镇中心小学赵天老师执笔）

76 我的碳排放足迹

活动简介

"我的碳排放足迹"分成两个阶段：首先，"放置碳排放足迹"发现问题，感受二氧化碳不断增加对生态环境带来的危害；其次，在了解低碳生活的一些主要方式的基础上，"调整碳排放足迹"，调整生活方式，减少碳排放，做到低碳生活每一天。

内容版本：人教版。
活动时长：两次活动，第一次 8 分钟，第二次 12 分钟，共计 20 分钟。
工具材料：
1. 每名学生：一张"我的碳足迹有多少"问卷。
2. 每个小组：画有衣食住行用的卡通海报一张，代表碳排放的红色脚印、代表减少碳排放的绿色脚印卡片若干，计算器一个，胶棒一支，绿色小贴纸若干。

前期准备

1. 教师准备。
（1）教师对学生进行分组。
（2）围绕学生生活的衣食住行用等方面设计"我的碳足迹有多少"问卷（每人一份）。
（3）绘制衣食住行用的卡通海报，准备代表碳排放的红色脚印、代表减少碳排放的绿色脚印卡片若干，计算器一个，胶棒一支（每组一份）。
2. 学生准备。
学生调查收集生活中的碳排放现象，运用鱼骨图对收集材料进行梳理分离，带到课堂上分享。

> 实施步骤

1. 以 30 个学生为例，把学生分成 6 组，每组 5 人。

2. 第一轮活动"放置碳排放足迹"开始，教师出示"我的碳足迹有多少"小问卷，提出填写要求：真实、快速。

3. 每名学生填写"我的碳足迹有多少"小问卷，每个选项 1 分，每人根据赋分算出个人在生活中的碳足迹，进行小组汇总，得出第一轮总分（活动时间 2 分钟）。

4. 小组活动：每一分代表生活中的碳排放，小组同学说一说自己生活中的碳排放情况，根据分数拿取与分数等量的代表碳排放的红色脚印，放置在"衣食住行用"相应区域（活动时间 3 分钟）。

5. 各组展示自己小组在衣食住行用等方面的碳足迹情况，学生分享活动发现（活动时间 3 分钟）。

6. 第二轮活动"调整碳排放足迹"开始，每名学生用红色笔修改"我的碳足迹有多少"小问卷，个人与小组算出第二轮总分（活动时间 2 分钟）。

7. 小组活动：小组内相互分享自己修改的内容，根据减少的分数取等量代表减少碳排放的绿色脚印替换"衣食住行用"区域红色脚印（活动时间 3 分钟）。

8. 各组展示自己小组的衣食住行用减少后的碳足迹，学生分享活动发现（活动时间 5 分钟）。

9. 学生分享交流，将问卷中没有的低碳生活方法用绿色脚印置换，把增加的方法写在绿色贴纸上（活动时间 2 分钟）。

> 注意事项

1. 为了确保活动的有效性，学生在第一次填写"我的碳足迹有多少"小问卷时，教师要特别强调填写要求——真实、快速。

2. 准备两种颜色的脚印，红色代表生活消耗的碳排放，绿色代表调整后减少的碳排放。

活动卡片

1. 画有衣食住行用的卡通海报。

2. 代表碳排放的红色脚印，代表减少碳排放的绿色脚印。

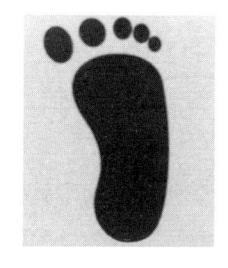

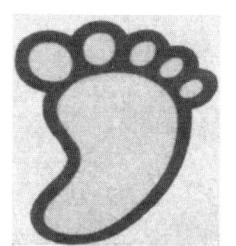

3. "我的碳足迹有多少"问卷。

4. 学生课前调研碳排放的鱼骨图。

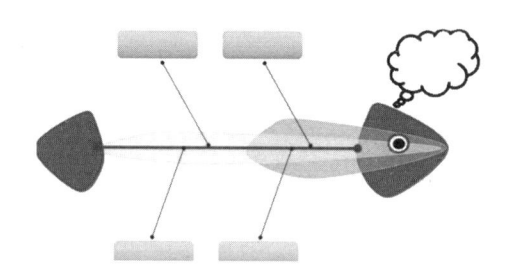

（北京市朝阳区白家庄小学杜文丽老师执笔）

77 守护我们的家园

活动简介

"守护我们的家园"活动分成两个阶段：第一阶段，学生两人一组，学习电子书《震惊世界的环境事件》，了解世界重大的环境事件，激发保护地球环境的危机意识。第二阶段，聚焦身边的环境问题，通过小组合作探究，系统分析是什么原因导致我们的家园环境面临严重的危机，从而认识到地球是我们唯一的生存家园，只有爱护环境，才能更好地保护地球。

> 内容版本：人教版。
> 活动时长：两次活动，第一次 6 分钟，第二次 15 分钟，共计 21 分钟。
> 工具材料：
> 1. 学生两人一组：一个平板电脑，电子书《震惊世界的环境事件》。
> 2. 每个小组：一张导学单，一张鱼骨图（归因分析），一支黑色笔、一支彩色笔。

前期准备

1. 教师准备：

（1）教师对学生进行学情调研，了解学生对影响世界的环境事件的了解程度如何。

（2）进行电子书的制作。

（3）为学生提供微课——"鱼骨图的使用方法"。

2. 学生准备：

（1）调查身边的环境问题，简要梳理后带到课堂上进行组内交流与分享。

（2）学习运用鱼骨图进行归因分析的方法。

> 实施步骤

1. 以 40 个学生为例，把学生分成 8 个小组，每组 5 人。
2. 第一阶段活动：

（1）"了解世界重大的环境事件"：学生阅读电子书《震惊世界的环境事件》，两人进行互助学习，并完成教师提供的导学单。（时间 3～4 分钟）

---

1. 你认为重大的环境污染事件可分为几类：_____
2. 请用列表或思维导图（任选一种）表现出最让你震惊的 1～2 项环境事件。
（1）列表法。

序号	事件名称	时间	国家	影响	

（2）思维导图法。

（2）学生代表结合完成的导学单进行分享交流，初步了解环境污染给地球和人类带来的危害与影响。（时间 1～2 分钟）

3. 第二阶段活动：

（1）小组合作探究，系统分析环境问题。小组结合课前的调研情况，聚焦国内和身边的环境问题，并针对某类环境污染问题，采用鱼骨图方法进行归因分析（用黑色笔）。（时间 5～6 分钟）

（2）各组梳理小组合作的学习成果，然后进行分享。学生在倾听别人发言的时候，有新增加的点或修改的地方用红色笔标注。（时间 6 分钟）

（3）依据评价标准，小组完成自评和互评（分析是否到位，表达是否准确，思维是否系统）。（时间 2 分钟）

合作要求：分工明确，全员参与。★★
评价标准：思路清晰，表达准确，形式创新。★★★

（4）教师简要小结。知道了影响环境的因素之后，我们就要学会尊重环境、爱护地球，让我们先从身边的小事做起，相信只要努力，地球家园将在我们的手中变得更加美好！

注意事项

1. 为了提高学生运用鱼骨图归因分析的有效性和准确性，学生需要提前通过微课充分了解鱼骨图的使用方法，初步掌握运用关键词进行表达。

2. 在运用鱼骨图进行原因分析时，黑色笔写的内容代表学生的原认知，红色笔写的代表学习后的新认知，通过对比观察，教师可及时了解学生的学习获得情况。

活动图片

1. 电子书部分内容。

2. "鱼骨图的使用方法"微课。

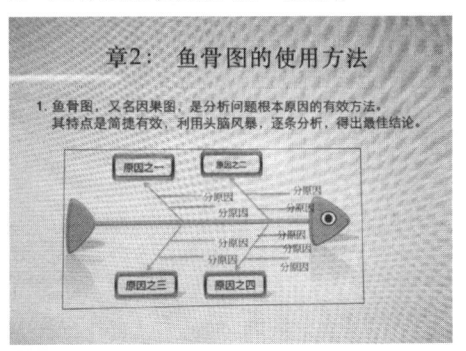

3. 学生小组合作完成的鱼骨图。

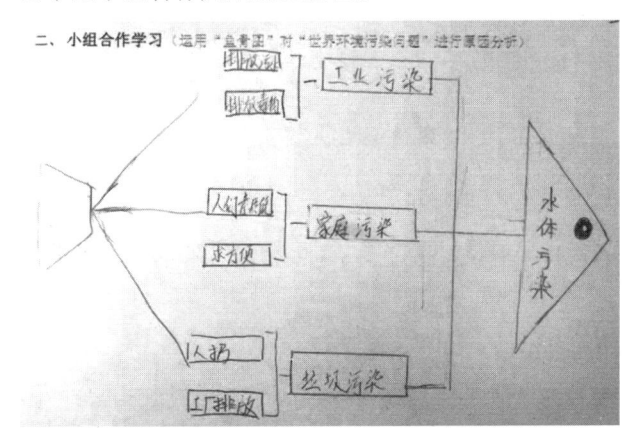

（北京市朝阳区白家庄小学李瑞霞老师执笔）

78 古老而优美的汉字

| 活动简介 |

本活动通过观看视频、填写任务单、听故事等活动初步了解早期的汉字——甲骨文的相关知识。在师生共同寻找、发现汉字历史的过程中，感受中国汉字的独特魅力。

> 内容版本：统编版小学《道德与法治》教材。
> 活动时长：10分钟。
> 工具材料：任务单。

| 前期准备 |

1. 布置课前活动——搜集汉字的相关资料。
2. 教师对学生进行分组。
3. 根据问题情境准备相关视频资料。

| 实施步骤 |

1. 以30个学生为例，把学生分为5组，每组6人，并明确各小组的组长。
2. 教师讲《发现甲骨文的故事》。学生初步了解甲骨文是中国目前发现的最古老的文字。
3. 全班活动：看视频，填写任务单。
（1）观看视频1，填写任务单中的任务1——教师引导学生感悟汉字历史悠久。

任务1：
1. 汉字距今有（　　）年历史，甲骨文距今有（　　）年历史。
2. 汉字演变过程是甲骨文—（　　）—（篆书）—（隶书）—（　　）—（楷书）—（行书）
3. 篆书分为大篆和小篆，它是由（　　）命令丞相李斯创造的。
4. 通过以上信息，我认为汉字的历史（　　）。

（2）观看视频2，填写任务单中的任务2——教师引导学生初步了解汉字的造字方法。

任务2：
1. 通过观看视频，你发现我国古代创造的汉字是根据（　　　　）创造的。这种造字方法叫作（　　　　）。

鱼→[甲骨文]→[金文]→[小篆]→[隶书]→[楷书]→[草书]→[行书]

2. 你还知道哪些汉字的造字方法呢？
_____

4. 全班交流：
（1）通过学习，你发现汉字是（　　）体系的文字。
（2）早期汉字具有直观形象、生动多姿的特点，你发现了吗？能举例说明一下吗？
（3）我们的祖先用灵巧的双手刻绘了一幅幅栩栩如生的图画、符号，把他们的智慧和灵感熔铸在一个又一个汉字里。了解了汉字的造字过程，你想对曾经参与造字的古人说些什么？

注意事项

1. 在充分利用教材的同时，引导每个小组借助课前搜集的资料、教材中的相关信息去发现、研究、感受汉字的古老。
2. 因学生刚刚升入五年级，边看视频边填写任务单的活动有难度，教师可以重复播放两遍或三遍视频，降低学生填写任务单的难度；也可以在播放视频前先让学生快速浏览任务单上的问题，让学生带着问题去观看视频。

| 活动卡片 |

学习任务单

同学们：请认真观看老师播放的微视频，然后填写下面的问题。（问题见前面任务1和任务2）

（北京第二实验小学永定分校安海霞老师执笔）

79 跟着我的路线来旅游

活动简介

每个小组作为旅行社团队，负责中国境内的一段旅游路线的规划，通过前期搜集资料，制作宣传海报，设计旅游路线口号等向游客介绍这一路线的特色，吸引游客，由其他团队同学根据导游团队的介绍评选出最想选择的旅行社。此活动旨在通过让学生合作搜集资料，提高他们的合作能力、整合能力及表达能力，感受祖国山河的广袤以及文化的丰富性。

内容版本：统编版小学《道德与法治》教材。

活动时长：15分钟。

工具材料：任务单。

前期准备

1. 教师对学生进行分组。
2. 提供导游团队介绍时所需的锦旗、海报、画笔等活动材料。
3. 准备计时器、扩音器等相关工具。

实施步骤

1. 以32个学生为例，把学生分成4个小组，每组8人。
2. 课前准备与统计问题。

小组选择好自己的旅行主题，设计好旅行的路线及景点，教师辅助学生做好海报，各组学生宣传的时间控制在3分钟之内。

3. 活动要求：

（1）各小组根据抽签顺序依次展示旅行路线规划图、所选路线的旅游主题以及特色。

（2）所有小组宣讲结束后，由全班同学选出除了自己组以外最想去的旅行路线。统计票数，选出最佳旅行社。

4.活动过程：

（1）教师引导，开展旅行社竞标活动，通过介绍获得选票。

（2）各小组制作海报，准备宣传语。

（3）各小组展示海报，介绍宣传语。

（4）各组投票，说出选择旅行社的理由。

（5）教师点评，引导学生感受祖国之美，在饱览大好河山时，还要关注文明行为。

注意事项

1.活动目的是让学生在自己查阅资料的过程中了解祖国各地的风光、特色，协调好学生所选择的区域，最好涉及不同地形、不同特色的城市。

2.教师应准备旅行社的相关设备，为课堂增加情境感。

3.学生在准备宣传海报时，教师要做好巡视和引导，引导学生介绍各地不同的特点，并强调文明游览。

活动卡片

1.海报简图。

```
                    XX 之旅
                  —— ×× 旅行社

旅行路线规划：_____
旅行景点规划：_____
旅行时间安排：_____
旅行食宿安排：_____
旅行特色介绍：_____
相关图片浏览：


温馨提示：
```

2.知识卡。（仅供参考）

- 距北京1220千米——黑龙江省。
  1. 黑龙江省位于中国的东北部。
  2. 黑龙江省的地形以平原为主。
  3. 黑龙江省盛产大米、啤酒、鱼等。
  4. 黑龙江省与俄罗斯相邻。
  5. 黑龙江省的省会哈尔滨被称为"东方莫斯科"。

- 距北京2768.9千米——新疆维吾尔自治区。
  1. 新疆维吾尔自治区位于中国的西北地区，是中国陆地面积最大的省区。
  2. 新疆维吾尔自治区的地形特点是三山夹两盆。
  3. 新疆维吾尔自治区的特产有长绒棉、哈密瓜、葡萄、细羊毛等。
  4. 新疆维吾尔自治区与蒙古、俄罗斯、哈萨克斯坦、吉尔吉斯斯坦、塔吉克斯坦、阿富汗等国家相邻。
  5. 新疆维吾尔自治区分布的少数民族有维吾尔族、哈萨克族、回族等。

- 距北京1040.8千米——江苏省。
  1. 江苏省位于中国的东南部。
  2. 长江、淮河流经江苏省。
  3. 江苏省的主要城市有南京、无锡、苏州、扬州。
  4. 江苏省有鱼米之乡的美誉，特产很多。
  5. 江苏省著名的旅游景观有南京长江大桥。

- 距北京2119.4千米——台湾省。
  1. 台湾省位于中国的东南部。
  2. "海上明珠""水果之乡""东方甜岛"是台湾省的美称。
  3. 台湾省著名的自然风光有日月潭、阿里山。
  4. 台湾省盛产珍珠奶茶、小笼包、凤梨酥等美食。
  5. 台湾是我国的第一大岛。

- 距北京4064千米——西藏自治区。
  1. 西藏自治区位于中国的西南地区。
  2. 西藏自治区，有"世界屋脊"之称。
  3. 西藏自治区主要的少数民族主要是藏族。
  4. 西藏自治区的特产有藏红花、牛肉干等。
  5. 西藏自治区与缅甸、印度、不丹、尼泊尔等国家相邻。

（北京市第八中学京西附属小学段绮老师执笔）

80 "照耀中国的古代科技之星"推选大会

活动简介

本活动模仿"感动中国人物"的形式展开，由学生担当推举人，课下通过小组讨论和查阅资料，推举出自己心中的古代科技之星，并为小组推荐的科技之星写推荐词。学生通过亲自贴星的方式牢记中国古代科技巨人创造的辉煌灿烂的科技成就，激发自豪感，学习先辈的创新精神。

> 内容版本：统编版小学《道德与法治》教材。
> 活动时长：15分钟。
> 工具材料：星星纸张、中国地图。

前期准备

1. 布置课前活动：学生课下分小组搜集相关古代科学家的事迹，选择本小组要推举的古代科技之星，并准备推荐稿。
2. 教师准备课堂用具，如中国地图、星星纸张等。

实施步骤

1. 以30个学生为例，把学生分为6组，每组5人，并明确各小组的组长。
2. 学生以小组为单位课下搜集资料，讨论推选哪位科技巨人作为科技之星，并准备推荐词；规定朗读推荐词的时间不超过1分钟，介绍科技成就和其中体现的精神。
3. 课上，按小组依次发言，说出小组选出的科技之星的名字，并说明推荐词，将写有这位科技巨人名字的星星贴在中国地图上。
4. 教师引导所有小组依次说出推荐词，并将所推举的科技巨人的名字的星星贴依次贴在中国地图上，象征这些科技巨人的精神一直照耀着当今的学生。

5. 教师引导学生说出感受，学生表达自豪感和向我国古代科技巨人学习的精神。

注意事项

1. 学生为所选择的科学巨人写推荐词时，教师应该引导学生说明选择的理由，进一步引导学生学习这些人身上体现出的品质。

2. 整个过程中，教师要注意活动形式的引入，体现仪式感，让学生学习到这些古代科技之星身上坚韧的品质，同时也感受到中国古代科技的灿烂多彩。

3. 教师可以为学生提供推荐卡的样例，也可以启发学生自由创作，只要突出人物成就和要学习的精神即可。

活动卡片

1. 推荐卡样例。

> 推荐人物：祖冲之
> 出生地点：河北涞水
> 人物经历：
> 　　祖冲之一生钻研自然科学，其主要贡献在数学、天文历法和机械制造三方面。他在刘徽开创的探索圆周率的精确方法的基础上，首次将"圆周率"精算到小数点后面第七位，即在 3.1415926 和 3.1415927 之间，他提出的"祖率"对数学的研究有重大贡献。直到 16 世纪，阿拉伯数学家阿尔·卡西才打破了这一纪录。
> 推荐词：
> 　　祖冲之，独爱钻研，让圆周率在中国的土地上进一步精确，为人民的生活带来了巨大帮助，直至今依然为我们所用，他的精神一直照耀着我们。

2. 推荐卡样例。

推荐人物：

主要成就：

推荐词：

（北京市第八中学京西附属小学段绮老师执笔）

81 "丝绸之路"寻根问源

活动简介

学生分角色表演小剧《在秦朝，做一名吃货有多难》，体会丝绸之路的开通对我国饮食文化带来的巨大影响，进而了解丝绸之路作为一条商贸之路，在这品种繁多的商品之中，以丝绸最受欢迎，所以以"丝绸"命名。在活动中感悟到丝绸之路命名的由来及民族间相互依存的密切关系。

> 内容版本：统编版小学《道德与法治》教材。
> 活动时长：15分钟。
> 工具材料：洋葱、洋白菜、胡萝卜、番茄、番石榴等图片。

前期准备

1. 教师选取两名学生排练小剧《在秦朝，做一名吃货有多难》。
2. 学生收集"胡"姓、"洋"姓、"番"姓瓜果蔬菜并制作成卡片。

实施步骤

活动一：演一演《在秦朝，做一名吃货有多难》。

1. 观看学生表演的小剧《在秦朝，做一名吃货有多难》，教学PPT出示小剧漫画剧本，引导学生思考"通过这个小情景剧，你有什么发现？"

2. 出示历史朝代顺序歌，让学生猜一猜这个情境发生的朝代。

3. 引导学生了解这个故事发生在丝绸之路未开通前的秦朝。在秦朝，人们常吃的蔬菜只有萝卜等少数几种，主食多以豆和粟为主。丝绸之路的开通，其他地方的多元瓜果蔬菜传入我国，大大丰富了我国的饮食种类。

4. 提问"这些瓜果蔬菜传入我国后，会对我国产生哪些影响呢？"引导学生思考丝绸之路的影响。

活动二：果蔬分分类。

1. 出示番茄、洋葱、胡萝卜图片，引导学生快速说出它们的名字。

2. 明确小组活动要求：四名同学一组；为果蔬卡片分类；总结出分类的理由。

3. 学生活动，教师巡视指导。

4. 集体展示，归纳果蔬命名规律。

5. 教师小结：同学们总结出西域人被称为胡人，所以这些"胡"姓食物，都是丝绸之路开通后，自西域东传而来。"番"姓食物和"洋"姓食物，大多数是漂洋过海传入我国的。我们把通过海洋的中西贸易通道称为"海上丝绸之路"，通过内陆的中西贸易通道称为"陆上丝绸之路""草原丝绸之路"。根据史料研究，汉唐时期传入中国的物品，都被加上了"胡"姓；宋明时期传入中国的物品，都被加上了"番"姓和"洋"姓。

活动三：丝绸之路命名由来。

1. 出示教学 PPT"东西方通过丝绸之路进行的商品交流种类"，引导学生观察、思考、发现。

2. 教师总结：东西方通过陆路和海路等通道进行着种类繁多的商品贸易，在后人研究这条路的过程中发现，丝绸是古老的中国独有的物品，是最早进行东西方贸易交流的商品之中最受欢迎的商品，它代表的是古老的东方文明与智慧。在19世纪，德国地理学家第一次把中国中原地区经过新疆到达中亚的陆上通道命名为"SILK ROAD"，即丝绸之路。

> **注意事项**

1. 以自己喜欢的方式制作果蔬卡片，教师根据不同呈现形式进行分组。

2. 课前指导小剧排演，使其生动形象，激发学生学习兴趣和探究欲望。

3. 对于史实的认识，教师要引导学生多角度思考，并且有实证的意识。

4. 在活动中，教师要引导学生加深对丝绸之路的认识，感悟到各民族相互依存的关系。

| 活动卡片 |

胡萝卜	胡豆	胡瓜
番茄	番石榴	番木瓜
洋葱	洋白菜	洋芋

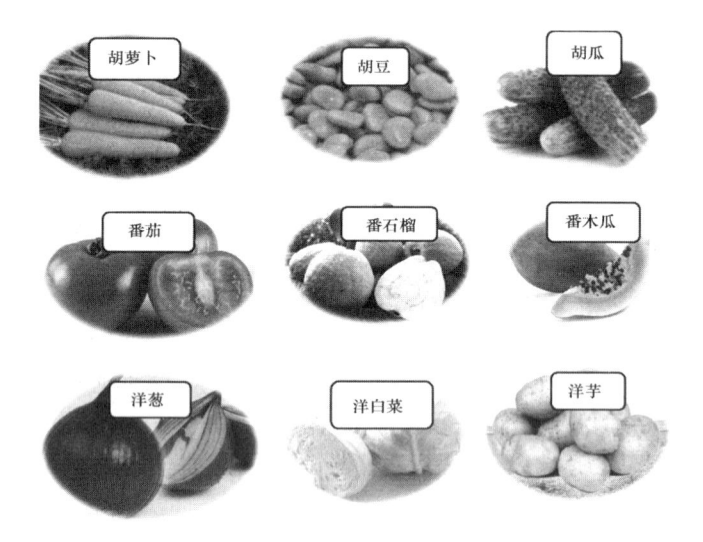

（北京市门头沟区军响中心小学岳晴老师执笔）

82 探秘中华民族大家庭

活动简介

本活动以"知特点，猜民族"及"民族名称接龙"的游戏让学生了解民族，再结合课前学习任务单，在小组探究及同学交流中，了解中华民族大家庭的构成以及典型民族名称的来历，感知民族风俗习惯各异的特点，体会我国多元一体的民族文化。

内容版本：统编版小学《道德与法治》教材。
活动时长：10分钟。
工具材料：
1. 民族名称卡片及民族由来简介的小书签。
2. 每名学生一张民族信息卡片。

前期准备

1. 教师准备56个民族名称的卡片（带拼音）及民族由来简介的小书签。
2. 学生课前调查并制作民族名称由来的简介卡片。

实施步骤

1. 以30个学生为例，把学生分成5组，每组6人，每组各选出一名小组长。
2. 第一轮"知特点，猜民族"活动。
教师出示活动要求，根据教师出示的教学PPT上的提示，学生参与活动。
（1）看服饰，猜民族——苗族银饰，苗族。
（2）听歌曲，猜民族——《掀起你的盖头来》，维吾尔族。
（3）看民居，猜民族——蒙古包，蒙古族。
（4）看文化遗产，猜民族——布达拉宫，藏族。

（5）看饮食禁忌，猜民族——不吃猪肉，回族。

3. 教师引导学生从多角度认识民族的特点，在此基础上，进入下一环节。

4. 第二轮"民族名称接龙"活动。

引导学生结合课前学习的收获，想一想还有哪些少数民族，每组选取一名代表，共5位同学进行民族名称接龙游戏。

活动要求：

（1）在接龙过程中，其他同学保持安静。

（2）接龙失败的同学直接淘汰，以此类推，坚持到最后的那位同学为获胜者，可获得教师自制的民族由来简介的小书签。

5. 教学PPT出示56个民族名称统计表，请同学任意挑选8个民族名称读一读，说一说感受。主要目的是通过该活动让学生感受到少数民族名称字难认、名字拗口等特点。

6. 小组探究：连连看——少数民族名称由来。

（1）小组探究要求：

①阅读：图片及文字资料。

②连连看：依据民族名称的来历进行分组。

③原因：在分组的连接线上写明理由。

（2）学生小组活动，之后介绍本组的分类并说明理由。

①经济来源方式：柯尔克孜族（柯尔克孜意思是"山中游牧人"）、拉祜族（拉祜的意思是"猎虎"）等。

②居住地名称转化：怒族（居住在怒江边）、保安族（居住在保安城）等。

③民族希望寄托：蒙古族（蒙古有"永恒的部落"之意）、裕固族等。

④民族历史记录：朝鲜族（为躲避饥荒和战争躲避到中国的朝鲜人）、俄罗斯族等。

7. 活动小结：各个民族间不同的历史、不同的生活方式、不同的民族希望造就了民族间各具特色的民族语言、民居、饮食、服饰等，也正是这些不同造就了中华民族大家庭各民族间不同的风俗习惯。

8. 活动引申：我们国家为了尊重民族间不同的风俗习惯，在国家统一领导下，实行民族区域自治制度。阅读教材，自由地读一读民族区域自治制度的定义。在各少数民族聚居的地方实行区域自治，他们享有民族立法权、财政经济自主权、文化语言文字自主权等，充分尊重并体现汉族和少数民族共同当家做主的权利。

注意事项

1. 活动过程中教师要注意对学生活动情况进行及时评价与反馈，可提前准备一些民族知识小卡片作为奖品，这既能调动学生参与学习活动的积极性，又丰富了学生的学习资源。

2. 小组探究活动时，教师要巡视指导，引导学生多角度多层次开展活动，提高学生多角度认识和分析事物的能力。

活动卡片

1. 民族名称卡片及民族由来简介的小书签。

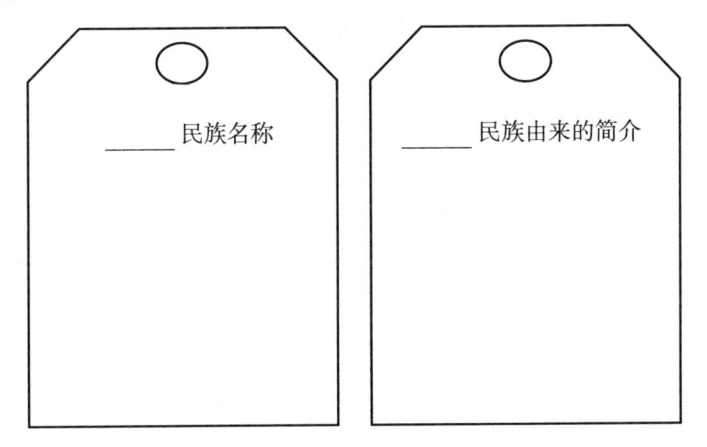

_____民族名称　　　　_____民族由来的简介

2. 每名学生完成一张民族信息卡片。

民族信息卡片

民族名称：_____
民族别称：_____
民族由来：_____
民族分布地区：_____
民族文化：_____

（北京市门头沟区军响中心小学岳晴老师执笔）

六年级

83 探秘汉字背后的故事

活动简介

"探秘汉字背后的故事"主要分为三个阶段：首先，通过观察一段动画，发现最初的汉字就像一幅画一样，初步感受汉字的美；接着，通过猜谜的活动了解汉字的造字过程，进一步感悟古人创造汉字的智慧；最后，观察年代尺感受汉字历史悠久。

内容版本：统编版小学《道德与法治》教材。
活动时长：12分钟。
工具材料：每名学生都要有一张纸，一支铅笔，一个空白书签。

前期准备

1. 教师收集资料制作课件。
2. 学生查找汉字演变的相关资料。
3. 教师制作书签。

实施步骤

1. 播放《三十六个汉字》动画片段。
2. 你找到了哪些汉字，请你把它们写出来。活动时间为2分钟。
在写的过程中你发现了什么？
预设：这些都是象形文字。
这些字都很容易写。
这些字是最早的汉字。
写这些字就像画画一样很容易理解意思。
3. 讨论"林"字是不是象形文字，引发学生思考。

"猜字谜"发现更多的造字方法。(会意、指示、形声)

学生分享活动发现，感受古人创造汉字的智慧。活动时间为2分钟。

4. 对比：将汉字与其他几种古老文字进行对比。如：苏美尔人"丁头字"、古埃及"圣书字"、印度"印章文字"、美洲印第安"玛雅文字"等，使学生了解到以上这几种文字也非常古老，但已经失传了，只有汉字发展到了今天，激发民族自豪感。活动时间为1分钟。

5. 出示投影片：福字"正楷居中"，周围出现不同书体的6个"福"字。

教师请学生找出出现时间最早的"福"字，和学生一起观察汉字演变过程，利用年代尺，引导学生体会汉字具有悠久的历史。活动时间为2分钟。

6. 再写汉字：对照教材，每人写一个象形文字"虎"或者"象"（写在空白书签上）。

问：你发现了什么？再写一下它的简化字，你又发现了什么？

让学生进一步体会汉字的发展凝聚着人民的智慧。活动时间为4分钟。

7. 学生分享交流：通过今天的学习，你对中国汉字有了哪些新的认识？（根据学生的回答情况可以补充一些书法家的作品，启发学生对汉字有更深入的认识。）活动时间为1分钟。

注意事项

1. 为了确保活动的有效性，教师需要对学生、汉字本身有比较全面的了解，这样才能更好地启发学生去发现，引导学生去探索。

2. 准备纸和书签，需要学生进行三次书写，每一次的难度不同，起到的效果也各不相同，注意引导学生认真书写。

（北京市崇文小学赵锋老师执笔）

84 "啄木鸟"行动

活动简介

本活动是六年级学生在五年级"面对成长中的新问题"主题学习基础上开展的体验活动。通过该活动，旨在引导学生理解：反思就是让自己发现自身存在的不足，寻找努力的方向，不断改正，超越自我，从而取得一个又一个的进步，学会在反思中不断成长。

> 内容版本：统编版小学《道德与法治》教材。
> 活动时长：10 分钟。
> 工具材料：
> 1. 每位学生人手一根 20cm 左右长的塑料吸管。
> 2. 每组学生三根相同规格的橡皮筋。
> 3. 各组一张组名卡片。
> 4. 计时器 1 个（建议用体育专业秒表，可记录多组成绩）。

前期准备

1. 班内学生提前分好组，每组 8 个人，并引导各组通过自荐或推选一名学生为组长。组长组织本组同学为本组起组名，然后写在卡片上。

2. 教师需要提前为每位学生准备一根 20cm 左右长的塑料吸管，保证人手一根。

3. 教师提前为每小组准备三根相同规格的橡皮筋。

4. 教师提前布置好教室：桌椅环绕在教室周围，摆放成马蹄形，中间留出空间，便于开展此次活动。

实施步骤

1. 全班按照每组 8 人的数量标准，分配活动位置（各组在教室中间的活动区域平行站好，各组之间的距离以活动中不会相互干扰为标准）。

2. 教师在活动前将各组卡片贴到黑板上，便于计分。

3. 各组组长从教师手中按照本组人数取回吸管，并将每组 8 根吸管分发给本组每人一根，并强调：把吸管衔在嘴里，把双手放在背后（不得用手或其他身体部位及物品触碰吸管），扮成"啄木鸟"，口衔吸管传递"虫子"（用三根普通橡皮筋代表三个"毛毛虫"，依次进行传递，如若中途掉到地上，此次传递需要重新开始）。"毛毛虫"是从各组第一位学生开始，传递到最后一名学生，全部传递完为任务完成。

4. 各组完成任务的过程中，教师需要计时。各组学生从第一个人开始分别进行三根皮筋的传递，直到最后一名学生。教师将此次传递过程计时，作为第一次传递的用时，由教师将时间记录在黑板上各组成绩栏中。

5. 各组学生在组长带领下，根据完成任务情况进行练习（可商议、可训练），2 分钟后进行第二次传递，教师运用计时器进行第二次传递的时间记录，并依照顺序写在黑板上的各组成绩栏中。

6. 组长继续组织本组组员进行此活动的练习，2 分钟后，进行第三次传递，教师继续运用计时器进行第三次传递时间的记录，并依照顺序写在黑板上各组成绩栏中。

7. 全体学生回到自己的座位，并观察思考：从本小组三次成绩中发现了什么？谈谈你的感受。

8. 全班交流反馈，教师需要在学生反馈过程中进行总结梳理。

9. 小结：看来我们刚开始做事情时都不可能尽善尽美，如果做得不好，要通过不断反思，分析原因，找到改进的方法，通过一次次的尝试，不断进步，使自己做得更好。

注意事项

1. 每组人数以 8 人为宜，或根据本班人数平均分配，使各组人数相等，建议男女学生混合编组。

2. 活动中一定要提前强调学生活动规则：运用吸管进行"毛毛虫"传递时，

不能用手、其他身体部位或其他物品帮忙，如出现橡皮筋掉落的情况，一定由本人捡起后交给第一位同学重新开始传递。

3. 教师提供的吸管必须规格一致（不建议用可折吸管）、数量相同，以示公平。

4. 在不违背游戏规则的基础上，默认具有创造性的方法。

5. 使用可以记录多组成绩的秒表记录时间，尽可能减少误差。

6. 各组学生进行活动前的组名设计，有助于提升团队的凝聚力，加大游戏的趣味性和吸引力。

7. 各组学生活动后反馈的过程中，教师要善于倾听学生活动后的真实感受，并适时引导学生分析活动成绩不断提高的真正原因。

8. 安全提示：

（1）此活动学生肢体活动较多，务必在活动前检查好周边设施的安全性。

（2）教师要安排好活动小组与小组之间的安全距离，避免学生间相互冲撞产生安全问题。

（3）教师要在活动前提示学生：口衔吸管进行活动时，注意移动过程中脚下的安全，避免摔倒被吸管戳伤。

| 活动卡片

组名1	组名2	组名3

（北京市石景山区实验小学杨琳老师执笔）

# 85 水果实验

▌活动简介▐

本活动是继六年级学生在人际交往中已具备交往方法的基础上开展的，旨在引导学生认识到：每个人因看待事物的角度不同，对待同一事物的态度也会有所不同，体会在日常生活中尊重他人看法的重要意义，懂得换位思考将有助于人际沟通、化解矛盾的道理，进而理解他人、宽容他人。

内容版本：统编版小学《道德与法治》教材。

活动时长：10分钟。

工具材料：

1. 单面腐烂水果2个。

2. 标明A、B的大标签各两个。

3. 遮盖水果的纸盒两个。

4. 展示桌一张。

5. A4纸一张、水彩笔一支。

▌前期准备▐

1. 教师需要提前准备各有一面腐烂、另一面完好的同一种类的水果2个（水果要求大小、颜色、品种基本一致，尽量选取相似的为佳）。

2. 教师提前准备写有A和B的纸质大标签各两个，可以打印，也可以手写，但要求能够竖立在每个水果的前后，给两个水果的前后位置分别予以标识。

3. 教师需要提前准备能够遮盖两个水果的纸盒两个（大小一致并能够将水果与相对应的标签罩住）。

4. 教师提前准备好一张游戏用桌（可以是讲台或者是课桌，但一定稍高一些，确保桌子前后的学生只能看到水果的一面），放到教室前方。

5. 教师提前准备 A4 纸一张（白色或是浅色 A4 纸，不要使用深色纸）、水彩笔一支（深色水彩笔），放置到游戏用桌上，以备台上学生进行书写。

> 实施步骤

1. 请授课班级中的一位同学上台（下面统称甲同学）走到游戏桌后方，面向全班同学。

2. 教师针对全体学生（包括台上甲同学）提出要求：全体学生只观看，不能出声，不做任何表情，不相互交流。

3. 教师将遮盖水果的两个纸盒打开，此时桌子上呈现标明水果 A 和水果 B 的两个腐烂水果。A 水果是腐烂的地方对着桌子后方的甲学生，B 水果是腐烂的地方对着台下全体学生。

4. 教师进行提问：

（1）问甲同学：现在你要将其中的一个水果送给你的好朋友，另一个留给自己，你会选哪个送给好朋友呢？请你用水彩笔将你的选择写在 A4 纸上。注意不能出声，不得有任何表情。

（2）提问台下的学生：你们认为甲同学会选择哪个水果呢？（鼓励学生说明自己选择的理由）

5. 请甲同学公布自己选择的结果：甲同学举起写好选择答案的 A4 纸，面向全体学生。请下面猜错的学生发言，请其中一位同学（下面统称乙同学）上来站在甲同学的位置观看甲同学选择的水果，与另一个水果作对比，并告诉大家甲同学这样选择的真正原因是什么。

6. 教师引导全体学生谈感受：

（1）通过这个小实验，你有哪些感受？

（2）把水果实验和生活中人际矛盾的发生联系在一起，你又有什么新的领悟呢？

7. 全班交流反馈。教师根据学生叙述的感受进行归总、提升。

8. 小结：实际上，甲同学和乙同学的选择是一样的，都是把他们看到的完好的水果留给自己的好朋友，把不好的留给自己。但是由于他们刚开始所处的位置不同，看到的事物不一样，所以选择的结果就不同。对于我们来说，对这位同学的选择也就产生了误解。当他们将自己所处位置的情况说清楚或者我们看到实际情况之后，我们能够认识到彼此的选择虽然不同，但选择的初衷却是一样的，大家就能化误解为理解。从这个实验中，我们体会到：要真正做到理解别人、宽容他人，就要设身处地地站在别人的角度去看问题，也就是换位思考。

注意事项

1. 教师进行实验前，选择大小基本一致的、单面完整的同类水果两个。

2. 教师需要在活动前做好水果的摆放工作，首先要将桌子的位置摆放好，使得台上、台下的学生只能看到他们所对应的这一面，切忌将腐烂水果整体展示给学生，以免干扰实验效果。活动前，用大小一致的纸盒将水果及相应标识罩在其中。活动时，学生站好位置后，教师再拿开纸盒进行展示。

3. 教师顺势摆放好水果对应的标签，便于学生进行选择。

4. 教师在进行实验前，务必强调好实验的要求：全体同学只观看，不出声，不做任何表情，不相互交流。

5. 教师引导学生谈感受的过程中，注意聆听学生的反馈，随着学生的感受反馈，适时帮助学生梳理、提升。

活动卡片

| A | B |

（北京市石景山区实验小学杨琳老师执笔）

86 识图找相同

活动简介

本活动是六年级学生在知晓世界上有古代埃及、古代巴比伦、古代印度、古代中国这四大文明古国的基础上进行的。通过"识图找相同"这一活动，引导学生发现四大文明古国的发源地均在大河流域，帮助学生了解古代文明的起源，从而理解河流对于绵延发展的古代文明起到的作用与影响。

内容版本：统编版小学《道德与法治》教材。
活动时长：10分钟。
工具材料：
1. 每组一份标明四大文明古国的世界地图。
2. 每组学生一张学习单。
3. 各组一支水彩笔。

前期准备

1. 班内学生提前分好4人小组，各组提前推选一位同学担任组长。

2. 教师需要提前为每组学生准备一张世界地图（纸张大小不得小于A4纸，尽量运用彩色打印，地图要标明四大文明古国中的重要河流及名称）。

3. 教师提前为每个小组提供一份学习单（尽量使用不小于A3的纸呈现）。

4. 教师提前为各组准备水彩笔一支（各组使用不同颜色水彩笔）。

实施步骤

1. 提前分好4人小组，由组长进行活动的安排与组织。

2. 教师在活动前将标明四大文明古国的重要河流及名称的世界地形图发放至各小组，并为各小组准备好学习单和水彩笔。

3.教师提出活动步骤：

（1）各组组长组织本组组员进行四大文明古国的标注。要求在各组地图中用水彩笔圈出四大文明古国的位置，并选取对应的文明古国，写上该文明古国名称对应的序号。

（2）各组组长组织本组组员根据学习单要求进行组内讨论，经过商议后，将相同的认识填写在学习单中，要求字迹清晰、表述完整、无错别字。（各组组长要根据学习单要求组织组员进行研讨，由一名组员记录研讨后的结果）

4.教师组织小组进行全班交流汇报。（先由一个小组上前汇报，汇报完毕，由其他小组进行补充或者本组观点的表述）汇报过程中，教师要根据学生的反馈内容进行及时的评价与引导，相关内容如下：

（1）四大文明古国所在位置的判断，教师可以提前准备准确位置的电子地图，以PPT的方式进行最终的呈现，帮助学生找到正确的地理位置。

（2）学生在运用学习单进行全班交流时，教师针对四大文明古国所在地理位置中所流经的大河流域名称要予以及时的评价，并在反馈相同之处时及时进行归纳总结。

（3）学生在提出本组疑问时，教师要做好后续学习的衔接，鼓励学生质疑、解疑、答疑。

5.小结：同学们通过在地形图中寻找四大文明古国的位置，并发现四大文明古国都发源于大河流域这一相同点，能够推测出古代人通过寻找适宜人类生存的区域进行繁衍生息，在不断地发展与进步的过程中形成了绵延发展的古代文明。

> **注意事项**

1.每组人数4人为宜，可采用相邻座位就近结组，也可以根据学生情况混合编组，并由组内推选善于组织活动的组长一名。

2.活动中由各组长进行活动组织，确保每一位学生参与活动、积极思考，最终形成本小组的成果。

3.教师提供的地图必须是清晰的，且呈现四大文明古国所在区域中的重要河流及名称的地形图，便于学生观察发现文明古国起源于大河流域。该地形图尽量彩色打印，直观性更强。

4.教师提供的各小组的学习单，需要运用不小于A3的大纸呈现，便于在进行反馈时，全班学生能够清晰地看到各组的成果展示。若条件允许，可以使用实物投影进行反馈。

5. 教师要充分给予学生小组研讨的时间与空间。学生在进行反馈时，教师要利用各小组的思考成果引导学生思维的相互碰撞，以此帮助学生总结归纳、提升领悟。

6. 教师提前准备四大文明古国准确位置的电子地图，以 PPT 的方式进行最终的呈现，帮助学生找到正确的地理位置，从而帮助学生发现古代文明的起源。

7. 学生在提出本组疑问时，教师要善于倾听，梳理好语言，并做好后续学习的衔接，鼓励学生质疑、解疑、答疑。

| 活动卡片 |

学习单

四大文明古国	古代埃及	古代巴比伦	古代印度	古代中国
地理特点				
我们的共识				
提出疑问				

（北京市石景山区实验小学杨琳老师执笔）

87 法律家族大聚会

活动简介

法律家族大聚会分成两个阶段：首先，"家族成员做介绍"的活动以情景表演的方式激发学生的参与热情，学生在积极参与的过程中初步了解宪法、刑法等法律相关内容。接着在"各法争权"的活动中，学生感受到在法律家族中，宪法具有最高的法律效力，宪法是国家的根本大法。

> 内容版本：统编版小学《道德与法治》教材。
> 活动时长：12分钟。
> 工具材料：法律名称头饰。

前期准备

1. 学生分工搜集宪法、刑法等8项法律相关简介材料。
2. 教师准备法律名称头饰。

实施步骤

1. 以40个学生为例，把学生分成5组，8人为一组。
2. 第一步：法律家族大聚会——家族成员做介绍。

教师讲述情景剧背景，学生以小组合作的方式进行情景表演，根据课前搜集的材料，学生可自由发挥，介绍自己所代表的那种法律。

3. 第二步：法律家族大聚会——各法争权。

教师再次讲述情景剧中发生的"小插曲"，学生根据剧情继续表演。

4. 第三步：交流总结。

学生交流分享参与或观看表演的感受及感悟，全班进行活动总结，教师引导学生了解宪法与其他法律法规的不同，它有着至高无上的地位，是国家的根本大法。

▌注意事项▐

1. 活动过程中课堂氛围会很热烈，教师需提前提示学生文明参与，控制音量。

2. 学生的参与热情很高，因此教师要把控好时间，限时表演。

▌活动卡片▐

（北京石油学院附属小学宗妍老师执笔）

88 法律家族大集合

活动简介

本活动是在六年级学生已经了解宪法具有最高的法律效力、法律权威和法律地位，是国家的根本法这一常识的基础上开展的，旨在引导学生深入理解宪法与其他法律的关系，"法律家族大集合"的活动形式生动、形象、直观，便于理解，还能激发学生的学习兴趣，调动学习积极性。

> 内容版本：人教版。
> 活动时长：12分钟。
> 工具材料：
> 1. 每名学生：彩笔、彩色卡纸若干。
> 2. 每个小组：一张大白纸（或者一张浅色彩纸）、学生自制一份法律家族成员清单（法律名称）、法律成员桌签卡片。

前期准备

1. 教师对学生进行分组分工。
2. 学生以小组为单位通过上网、查阅课本、访问等方式分别搜集整理不同法律领域的法律法规名称，即"法律家族成员清单"。
3. 各组学生为收集到的法律家族成员制作桌签卡片。
4. 教师提前准备大白纸或者浅色彩纸，每个小组1～2张。

实施步骤

1. 以30个学生为例，把学生分成6个小组，每组5人。
2. 教师创设情境：庞大的法律家族准备举办一次隆重的家族聚会，如果你是这场聚会的策划人，你愿意吗？

3. 教师发布任务一：你准备邀请哪些法律成员作为代表来参会呢？

4. 学生以小组为单位，分别展示课前搜集整理的"法律家族成员清单"，并依次把制作的法律家族成员桌签卡片粘贴在黑板上。

5. 教师发布任务二：可是主席台只有一个位置，谁最有资格在主席台上就座呢？

6. 学生根据已有的知识和搜集的资料进行小组合作探究学习，教师巡视指导。

7. 学生以小组为单位进行汇报，师生共同梳理宪法与其他法律的关系，进一步理解宪法具有最高的法律效力、法律权威和法律地位，是国家的根本法。其他法律都是依据宪法制定出来的，宪法是其他法律的立法依据和立法基础。

8. 教师引导学生用生活中的比喻这种方式说明宪法与其他法律的关系，从而加深理解。

例如：如果把我国的法律体系看作一棵大树，那么宪法是大树的根和干，其他法律则是大树的枝和叶。

如果把我国的法律体系看作一座金字塔，那么宪法是金字塔的塔顶，其他法律则是金字塔的塔身。

9. 学生以小组为单位绘制"法律家族谱"，即宪法与其他法律的关系图，教师提出绘制和汇报展示要求。

要求：

（1）用一幅简笔画表示法律家族谱。笔画简洁、色彩和谐。

（2）汇报时用简洁的语言说明宪法与其他法律的关系。

（3）限时4分钟。

10. 小组汇报展示，教师及时进行点评、提升，教师引导学生归纳总结：从同学们制作的思维导图中不难看出，宪法规定的内容是国家生活中最重要、最根本的问题，是治国安邦的总章程。宪法是母法，宪法是其他法律的立法依据和立法基础，任何法律不得与宪法相抵触，宪法具有最高的法律效力和法律地位，宪法是国家的根本大法。

注意事项

1. 为了确保活动的有序，活动前教师引导各组选出纪律组长、声音调控员等。

2.为了确保活动的有效性,在学生动手绘制"法律家族谱"前,教师一定要与学生共同梳理清楚宪法与其他法律的关系。

3.教师鼓励全班每个学生都参与活动。

4.教师注意时间和纪律的把控。

(中国音乐学院附属北京实验学校李丽老师执笔)

89 资源"保卫战"

活动简介

资源"保卫战"分成两个阶段：首先，用资源"保卫战"30秒挑战的活动激发学生兴趣，学生在积极参与的过程中学会用辩证的思维看待资源的丰富和有限；其次，在资源"保卫战"30个挑战的活动中，学生感受合理利用资源带来的益处。通过对比，学生认识到不可以浪费资源，从而激发保护资源、减少浪费的行动热情。

> 内容版本：统编版小学《道德与法治》教材。
> 活动时长：12分钟。
> 工具材料：1个盘子、1个杯子、1个勺子、若干彩珠、1个计时器。

前期准备

1. 学生收集大小颜色各异的彩珠。
2. 教师准备1个盘子、1个杯子、1个勺子、1个计时器。

实施步骤

1. 以40个学生为例，把学生分成8组，5人为一组。

2. 第一步：资源"保卫战"——排兵布阵。

学生小组交流，根据教师讲解的活动规则，结合小组成员的情况，自主安排每名学生的参与顺序以及分工。

3. 第二步：资源"保卫战"——30秒挑战。

以小组合作的方式，学生上场参与活动，在30秒的时间内，看哪个组运送的资源（彩珠）最多。教师将各组活动数据记录在黑板上，数据包括组别、资源运送数量和资源掉落数量。

4. 第三步：资源"保卫战"——30 个挑战。

同样以小组合作的方式，学生上场参与活动，活动规则稍有改变，在不限时间的情况下，各组运送 30 个资源（彩珠）。同样，教师将各组活动数据记录在黑板上，数据包括组别、资源运送数量和资源掉落数量。

5. 第四步：交流分享。

学生依据教师记录在黑板上的数据进行对比分析，交流、分享活动感受及感悟。

6. 全班进行活动总结，教师引导学生爱护资源，做真正的资源保卫者。

注意事项

1. 活动过程中课堂氛围会很热烈，教师需提前提示学生文明参与，不起哄，不喝倒彩。

2. 由于参与学生在讲台操作，为让班级后面的学生能清楚地看到整个活动过程，教师需提前打开投影设备。

3. 活动过程中会有彩珠掉落，教师需提示学生将彩珠清捡完毕，便于进行准确的数据统计。

（北京石油学院附属小学宗妍老师执笔）

90 地震灾害会应对

活动简介

我国是一个自然灾害多发的国家，其中地质灾害较其他自然灾害更为常见。活动挑选了地震这一破坏力强、涉及范围广的灾害，通过模拟不同时间、地点状态下的震情，帮助学生掌握一定的逃生自救知识，增加学生在遇到地震这一自然灾害时成功脱险的概率。

内容版本：部编版小学《道德与法治》教材。
活动时长：10 分钟。
工具材料：书包、课桌椅等教室或家庭中常见物品即可。

前期准备

1. 教师根据学生人数进行分组。
2. 设计制作场景和地震情境选项卡。

实施步骤

1. 以 30 名学生为例，把学生分成 3 小组，每组 10 人。
2. 活动开始，教师使用 PPT 展示场景信息和地震烈度状况。
3. 参与活动的第一个学生小组上台后有 5 秒时间思考逃生避险方法。
4. 教师可酌情在学生模拟环节中随机加入特殊情况，例如房门变形导致无法前进只能返回屋内避险、房屋即将坍塌等，考验学生灵活应对突发状况的能力。
5. 活动按小组数量进行，每组选择不同的灾情卡。

注意事项

1. 若台上学生违反规则则按照挑战失败处理。

2. 台上活动时要注意维持台下纪律，违规组直接被判定挑战失败。

| 活动卡片 |

| 你正在2层的教室上课，突发6.0级地震，教室已经开始摇晃。你该怎么办？ | 夜间高层居民楼里，你在睡梦中被地震晃醒，感觉晃动越来越大。你该怎么办？ |

| 正在大型商场购物，突发大地震，人群开始慌乱躲避。你该怎么办？ | 一家人开车出去玩，行驶在城市道路的过程中突发大地震，你该怎么办？ |

（北京市通州区永顺镇中心小学赵天老师执笔）

91 金字塔稳固之谜

活动简介

观察图片，了解金字塔的形状，再通过拼插、对比，感受角锥体的稳固性，知道金字塔自身建造的神奇与千年不倒的事实，了解4000多年前古埃及人民在建造金字塔的过程中克服了现代人难以想象的困难，从而感受金字塔是建筑史上的一个奇迹，是古埃及劳动人民聪明与智慧的结晶，增强学生勇于探索的意识和精神。

> 内容版本：统编版小学《道德与法治》教材。
> 活动时长：10分钟。
> 工具材料：超轻黏土、牙签或竹签若干根。

前期准备

1. 教师对学生进行分组。
2. 准备好超轻黏土、牙签或竹签若干根。
3. 学生调查金字塔千年不倒的原因。
4. 收集三角形稳定性的应用图片。

实施步骤

1. 分组：以20人为例，把学生分成5组，每组4人。
2. 观察：小组同学一起观察金字塔的图片，初步了解金字塔的形状，在小组内学习交流。

图片如下:

3. 实验:

（1）小组同学动手操作，用超轻黏土、牙签或竹签拼插三角形。

（2）小组同学根据自己的思考再拼插其他几何图形，如正方形、五边形、六边形等。

（3）对比观察以上组合的平面图形，押一押，拉一拉，得出结论。

（4）拼插简易金字塔和正方体等立体图形，摸一摸，看一看；再用材料拼成以三角形组合在一起的立体图形，对比找依据，可以尝试上面放一些物品，感受其稳定、耐压的特点。

例如：

4. 分享：各小组展示拼插成品，解释并分享实验后的感受。交流三角形稳定性在生活中的应用，出示图片。

5. 探究：金字塔千年不倒还有什么原因？学生结合资料在小组内学习，分享讨论结果，相互完善。

6. 教师总结提升，激发情感。

注意事项

1. 每组同学团结协作，分工明确，注意安全，想好后再动手操作。

2. 制作的平面图形、立体图形既有说服力，还要注意美观性。

（北京小学通州分校贺艳华老师执笔）

92 不同的节日和习俗

活动简介

"不同的节日和习俗"活动分成两个阶段：首先，围绕"世界各地节日"讨论、交流，感受各地节日的丰富性；其次，在了解各地节日的时间、庆祝活动及形成原因等基础上，发现和感受其中的文化现象，学会尊重、理解和欣赏各地的节日习俗。

内容版本：首师大版。
活动时长：12分钟。
工具材料：
1. 有关"世界各地节日"的图片和词条，以及世界地图一张。
2. 每个小组：彩纸一张、彩笔若干、胶棒一支。

前期准备

1. 教师对学生进行分组，准备一些有关"世界各地节日"的图片和词条。
2. 学生搜集有关世界各地节日的资料，了解自己感兴趣的有关各地节日的时间、庆祝活动及形成原因等。
3. 绘制"我最喜欢的节日"宣传海报。

实施步骤

1. 以30个学生为例，把学生分成6个小组，每组5人。
2. 教师激趣引疑：出示"世界各地节日"图片，要求快速配对，让学生正确说出这是哪个国家的什么节日。

每小组3张图片，看一看图片、词条，进行配对。节日可以包含：泰国新年、中国清明节、保加利亚玫瑰节、西班牙西红柿节、墨西哥仙人掌节、德国啤酒节、意大利威尼斯狂欢节、巴西狂欢节、北欧仲夏节、美国母亲节、加拿大牛仔节、西非捕鱼节等。

学生交流讨论，感受节日的丰富性。

3.教师：关于世界各地的节日习俗，之前同学们搜集了很多资料，下面请小组分享交流，并探讨这些节日习俗形成的原因，完成学习单上的任务（详见文末附录2）。

思考：不同的节日习俗的形成有多种原因，你所感兴趣的节日习俗的形成是否与节气时令、自然环境、生产生活、宗教信仰有关呢？

4.各小组结合自己搜集的相关资料或老师提供的节日相关资料（详见文末附录1），进行如下操作：

（1）分析、交流，完成学习单（详见文末附录2）。

（2）用红笔在地图上标示出我们小组所了解的节日。

（3）每小组派代表，分享自己小组对其中一个节日的分析（五个节日可抽签）。

（4）每个小组发言结束，教师要提问：其他小组的同学有没有不同意见，或想补充的？

5.教师提出问题，大家交流一下。

思考：不同国家、地区的节日习俗不同，同一国家的同一节日，不同民族的习俗也不尽相同，对于这种现象，我们应该怎样看待？

6.小组活动：如果你是一位文化小使者，请你制作一张海报，对你最喜欢的节日习俗进行宣传，充分感受节日的欢快氛围给人们带来的快乐，感受多元文化的独特魅力。

（1）小组分工合作完成。

（2）小组汇报。学生小组展示海报，可结合音乐、视频等形式。

注意事项

1.为保证活动有序进行，活动开展前，老师要对交流时间、纪律、音量提出明确要求。

2.鼓励学生尽可能多地参与课堂活动，给生生互动创造空间。每个小组发言结束时，老师要给出时间，鼓励其他小组同学发现、展示小组的优点并进行评价，可补充不同意见。

3. 注意时间和纪律把控。

活动卡片

> 节日和习俗主题图片

附录1：节日习俗资料

1. 中国清明节。

清明节又叫踏青节，在仲春与暮春之交，也就是冬至后的第104天。中国汉族传统的清明节大约始于周代，距今已有2500多年的历史。清明是中国古代二十四节气之一，清明时节，气温变暖，降雨增多，正是春耕春种的好时候，所以清明对于古代农业生产而言是一个重要的节气。农谚说"清明前后，点瓜种豆""植树造林，莫过清明"，说的正是这个道理。

除了汉族，中国的满族、赫哲族、壮族、鄂伦春族等24个少数民族，也都有过清明节的习俗。虽然各地习俗不尽相同，但扫墓祭祖、踏青郊游是基本主题。

2006年5月20日，经国务院批准，将清明节列入第一批国家级非物质文化遗产名录。人们在这一天的活动有扫墓祭祖、踏青郊游、植树、放风筝、荡秋千等。

2. 泰国新年。

泰国气候属于热带季风气候，全年分为热、雨、旱三季，年均气温24℃～30℃，平均年降水量约1000毫米，境内水资源丰富。

泰国新年是泰国传统的新年，叫"宋干节"，又叫"泼水节"，是公历的每年4月13日到15日。水在这个节日中代表了纯净。信徒将香水洒向佛像。人们相互洒水、泼水表示祝福，更有甚者把大象牵上街，用象鼻向行人疯狂喷洒。泰国人在新年第一天都会在窗台、门口端放一盆清水，敬水，祈求吉祥。此外，家家户户都要到郊外江河中进行新年沐浴。

3. 保加利亚玫瑰节。

玫瑰油不仅用于化妆品、食品和香料工业，还具有很高的药用价值，有"液体黄金"之称。

保加利亚有300多年的玫瑰油生产历史，其产量占全世界产量的40%。为了保留玫瑰油生产的传统，保加利亚从20世纪60年代末起将6月的第一个星期天定为"玫瑰节"。

人们从四面八方来到玫瑰谷，表演民族歌舞和化装舞蹈等。好客的玫瑰花农邀请来宾一起跳霍罗舞，美丽俊俏的"玫瑰姑娘"向客人敬献花环，抛散花瓣，喷洒香水，表示欢迎，一群群头戴假面具、身穿奇特服装，腰系许多铜铃的"老人"也跳起欢快的舞蹈。据说，这样的玫瑰节庆祝活动前后要持续一周左右。

4. 中国火把节。

火把节是彝族、白族、纳西族、基诺族、拉祜族等民族的古老传统节日，有着深厚的民俗文化内涵，被称为"东方的狂欢节"。不同的民族举行火把节的时间也不同，大多是在农历的六月二十四，主要活动有斗牛、斗羊、斗鸡、赛马、摔跤、歌舞表演、选美等。在新时代，火把节被赋予了新的民俗功能，产生了新的形式。

彝族关于火把节的传说，实际上是以游牧为主转为以农耕为主之后，新的文化形态对原有文化形态的扬弃。这个传说最大限度地保留了火把节来源的原始信息，也是最接近火把节源头的一个传说。

附录2：学习单

1. 清明节 2. 泰国新年 3. 保加利亚玫瑰节 4. 彝族火把节 5._____（自定）

节日名称	节日习俗	形成原因	结论
清明节			

节日名称	节日习俗	形成原因	结论
泰国新年			

节日名称	节日习俗	形成原因	结论
保加利亚玫瑰节			

节日名称	节日习俗	形成原因	结论
彝族火把节			

节日名称	节日习俗	形成原因	结论
_____ _____ （自定）			

（北京工业大学附属中学首城校区孙玮老师执笔）

93 体验"宪法号人生专列"

活动简介

本活动是在六年级学生已经了解宪法是治国安邦的总章程，宪法是根本法，具有最高的法律效力、法律权威和法律地位这一常识的基础上开展的。本活动通过游戏的形式引导学生理解宪法与每个公民息息相关，是公民权利的保障书，激发学生的学习兴趣，调动学习积极性。

内容版本：人教版。
活动时长：12 分钟。
工具材料：
1. 每名学生：宪法部分法条卡片。
2. 每个小组：人生大事件材料单 2 份、抢答号牌 1 个、答题卡若干、记号笔 2 支。

前期准备

1. 教师选好主持人 2 名、助理 1 名。
2. 教师对学生进行分组分工。
3. 教师梳理人生大事件清单，从《中华人民共和国宪法》中选择若干条宪法法条，制作成卡片。
4. 教师制作"宪法号人生专列"模型、人生大事件年代尺，并提前将其粘贴在黑板上。

实施步骤

1. 以 30 个学生为例，把学生分成 6 个小组，每组 5 人。
2. 教师激趣引疑：有的同学认为，宪法是国家的根本大法，是治国安邦的总章程，是国家领导人的事，宪法对我们普通公民来说太过"高大上"，这么至高无上的宪法跟我们普通公民没有太大关系。宪法到底与我们普通公民有没有关系呢？我们来玩一个互动游戏：乘坐"宪法号人生专列"，感受我们与宪法的关系。

3. 教师引出两名主持人，宣布游戏规则：

宪法到底与我们普通公民有没有关系，我们还是乘上时光列车，亲自感受一下。课前，我们在大家的人生道路上选取了六个时间节点，分别是：(1)出生啦！（2）上学啦！（3）十八岁！（4）毕业后！（5）成家啦！（6）退休啦！这六个时间点发生的事都是我们人生中的头等大事，这些事跟宪法有关系吗？

认真阅读《中华人民共和国宪法》部分条文，为自己的人生大事寻找准确的法条依据。

4. 各小组结合资料合作完成学习单。

5. 主持人组织学生进行抢答互动，教师相机质疑、追问、补充、提升。

6. 学生谈感想，进一步理解宪法与普通公民的关系。

7. 小结：宪法，看似遥不可及，其实我们一生都离不开这把大伞的保护，宪法是公民权利的保障书。

8. 布置新任务：宪法保护着每个公民享有的基本权利，同时也规定了公民必须履行的基本义务。身为中国公民的我们，在人生道路上，每一个脚印都和宪法有关，建议同学们今后在遇到事情的时候想一想这件事与宪法有关系吗，为开展"我与宪法那些事"故事会做好准备。

注意事项

1. 为了确保活动的有序，活动前教师引导各组选出纪律组长、声音调控员等。

2. 因为交流环节采用抢答的形式，教师要事先明确抢答的规则。

3. 教师鼓励全班每个学生都参与活动。

4. 教师注意时间和纪律的把控。

5. 两名学生主持人和助理在活动前一定与教师一起参与"典型人生大事件清单"和"《中华人民共和国刑法》部分法条"的筛选，这有助于活动的正常开展。

活动卡片

- 活动主题图片
- 人生大事件年代尺
- 宪法号人生专列图片

（中国音乐学院附属北京实验学校李丽老师执笔）

94 让共享单车走得更远

【活动简介】

"让共享单车走得更远"分为两个阶段:首先,基于共享单车的研究学习,利用宣传海报将自己的研究成果进行宣传,增强社会实践能力和社会责任感;其次,将共享理念延展至课外,能够将共享和社会责任之间建立联系,运用共享理念指导行为。

内容版本:社会性话题。
活动时长:12分钟。
工具材料:
1. 每名学生准备调查成果的支撑材料。
2. 每个小组准备两张大纸、一盒彩笔、胶棒一支,以及相关的图片或数据。

【前期准备】

1. 教师对学生进行分组。
2. 围绕学生前期的研究成果,制作共享单车宣传海报。
3. 绘制共享思维图。

【实施步骤】

1. 以30个学生为例,把学生分成6小组,每组5人。
2. 第一轮活动:制作共享单车宣传海报。
(1)情境设置。

导语:随着共享单车的火爆,仅仅几个月,全国各地就遍布各个类型的单车,中国的共享单车带来的便利,很快便被外国人学会,甚至一些外国人称中国的共享单车是近代最伟大的发明之一。只有人人承担社会责任才能让共享单车走得更远，为了让共享单车走得更远，让更多的人了解共享的理念，真正参与到共享大时代，请你和小组成员，结合前期研究的成果，共同制作一张宣传海报。

（2）提供样例，确定宣传主题。

样例：

提问：学习完样例之后，你们小组的宣传主题是什么？为什么？

（3）具体要求：

①结合前期研究成果，宣传主题观点鲜明。

②主题表达构思独特、巧妙，具有感染力。

③作品文字、语言、图像设计风格统一，色彩和谐。

④小组分工明确，人人参与。

⑤评价后，将宣传画张贴在学校或所在社区的显著位置进行宣传。

3.第二轮活动：绘制共享思维图。

（1）创设情境。

"新闻引发的思考"：专家预言——共享单车将引领共享界的潮流，未来是共享的天下。

提问：为什么共享单车能在短时间内火遍全球？专家预言：未来将是共享的天下，人们以后更需要共享吗？

导语：十八届五中全会提出："坚持共享发展，必须坚持发展为了人民、发展依靠人民、发展成果由人民共享，作出更有效的制度安排，使全体人民在共建共享发展中有更多获得感，增强发展动力，增进人民团结，朝着共同富裕方向稳步前进。"你在生活中还发现哪些共享的物品？你认为怎样做能够共享？请将自己的观点用关键词概括，绘制一张思维导图。

（2）具体要求。

①至少从两个角度进行分析。

②方法得当，具有可行性。

③关键词概括准确。

4.作品展示及评价。

（1）在学习共享单车一课后，为学生布置任务，单元学习结束后上交作品。

（2）利用课上时间组织学生展示、交流。

（3）按照评价要求，通过讨论对作品进行评价。

（4）最后进行海报展示。

| 评价报告单 |

课堂活动评定任务报告单

学校：_____   班级：_____   姓名：_____

任务内容：共享（　　　）　　评价类型：宣传海报、思维图

评定维度	评价项目	具体内容标准	学生自评	学生互评	教师评定	他人评定
活动过程	学习态度	积极主动参与学习。				
		按时完成学习任务。				
	合作意识	参与讨论与探究，乐意帮助同学。				
		在小组学习中主动承担任务。				
		共享学习资源，互相促进，共同进步。				
	探究意识	积极思考问题，提出解决问题的方法，有创新意识。				
		思维活跃，反应灵敏。				

续表

评定维度	评价项目		具体内容标准	学生自评	学生互评	教师评定	他人评定
物化成果	宣传海报	主题	结合前期研究成果，宣传主题观点鲜明。				
			主题表达构思独特、巧妙，具有感染力。				
		合作	小组分工明确。				
			小组人人参与。				
			自主、合作、探究的氛围。				
			合作中完成任务。				
		设计	作品文字、语言、图像设计风格统一，色彩和谐。				
			绘制干净、整齐、美观。				
		宣传	评价后，将宣传画张贴在学校或所在社区显著位置，进行宣传。				
	思维图	内容	主题突出，正确表达有关主题的多项内容及其关系，无明显的知识性错误。				
			至少从两个角度进行分析，尽可能全面反映主题的有关内容。				
		效果	关键词提取精准、合理。				
			整体布局合理，核心主题居中，文字、线条、图表比例恰当。				
			颜色对比明显和谐，分支不同，颜色不同。				

评价标准：

你真棒！ ☺ 不错呦！ ☺ 加油哦！ ☹

（北京市朝阳区白家庄小学赵冲老师执笔）

95 迷你法治情景剧

| 活动简介 |

将生活中常见的情景加以改编，服务于课堂，通过情景剧的展示，明晰法律通过规范规定我们的权利和要履行的义务，进而感受法律就在我们身边。

> 内容版本：人教版。
> 活动时长：小组活动 5 分钟，展示 3 分钟，提问并回答 5 分钟，共计 13 分钟。
> 工具材料：每个小组一张小组活动任务卡、若干角色名牌。

| 前期准备 |

1. 教师准备：

（1）教师对学生进行分组。

（2）围绕学生兴趣，将学生分为权利组和义务组。

（3）每小组一份任务卡，明确任务内容和要求。

（4）任务卡中角色名牌若干。

（5）演绎时的背景图。

2. 学生准备：

学生课前针对自身的权利、义务查阅资料，课上结合迷你情景剧进行分享。

| 实施步骤 |

1. 以 30 个学生为例，把学生分成 6 个小组，每组 5 人。

2. 根据学生兴趣，其中 1～3 组为权利组，4～6 组为义务组，发放任务卡。

3. 小组活动：依据任务卡中内容，自行分配角色，佩戴角色名牌，同时根据任务卡中的内容补充语言、神态、动作等，采用角色扮演的形式进行演绎（活动时间 5 分钟）。

4. 各组展示自己小组的演绎内容，并分享活动发现（活动时间 3 分钟）。
5. 观看迷你情景剧的同学可向演绎的小组提问（活动时间 2 分钟）。
6. 演绎小组根据提问回答问题（活动时间 3 分钟）。

▎注意事项▎

1. 为了确保活动的真实参与，学生在分组时基于真实感受进行分组。
2. 任务卡中内容文字可有一定的开放性，但教师应把握开放的程度，避免出现内容性错误。

▎活动卡片▎

1. 任务卡。

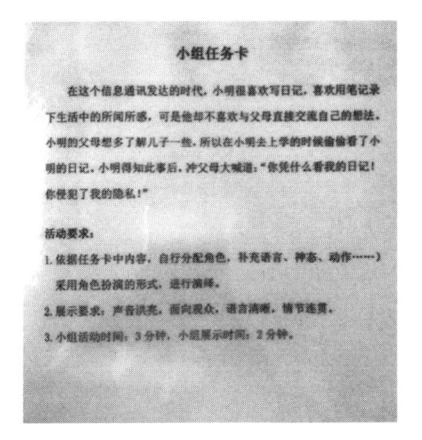

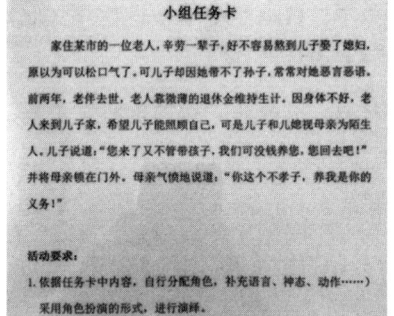

小组任务卡

在这个信息通讯发达的时代，小明很喜欢写日记，喜欢用笔记录下生活中的所闻所感。可是他却不喜欢与父母直接交流自己的想法。小明的父母想多了解儿子一些，所以在小明去上学的时候偷偷看了小明的日记。小明得知此事后，冲父母大喊道："你凭什么看我的日记！你侵犯了我的隐私！"

活动要求：
1. 依据任务卡中内容，自行分配角色，补充语言、神态、动作……采用角色扮演的形式，进行演绎。
2. 展示要求：声音洪亮，面向观众，语言清晰，情节连贯。
3. 小组活动时间：3 分钟，小组展示时间：2 分钟。

小组任务卡

家住某市的一位老人，辛劳一辈子，不容易熬到儿子娶了媳妇，原以为可以松口气了。可儿子却因她带不了孙子，常常对她恶言恶语。前两年，老伴去世，老人靠微薄的退休金维持生计。因身体不好，老人来到儿子家，希望儿子能照顾自己，可是儿子和儿媳视母亲为陌生人。儿子说道："您来了又不管带孩子，我们可没钱养您，您回去吧！"并将母亲锁在门外，母亲气愤地说道："你这个不孝子，养我是你的义务！"

活动要求：
1. 依据任务卡中内容，自行分配角色，补充语言、神态、动作……采用角色扮演的形式，进行演绎。
2. 展示要求：声音洪亮，面向观众，语言清晰，情节连贯。
3. 小组活动时间：3 分钟，小组展示时间：2 分钟。

2. 演绎时的背景图。

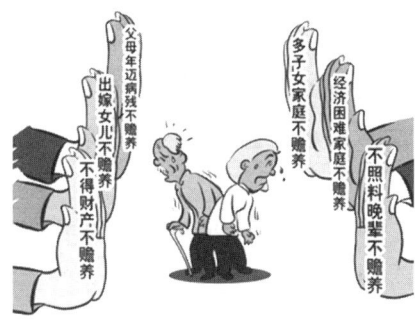

（北京市朝阳区花家地实验小学张佳伦老师执笔）

96 模拟联合国

活动简介

通过简化版的"模拟联合国"活动，组织学生就"如何保障战乱中儿童的教育问题"提出自己的见解与看法，让学生对世界局势有自己的看法，同时在讨论中明确国际组织的重要意义及中国在国际组织中起到的重要作用。

内容版本：统编版小学《道德与法治》教材。
活动时长：15 分钟。
工具材料：意向条、新闻资料、主要国家标牌。

前期准备

1. 教师选取参与"模拟联合国"的学生扮演对应国家的发言人，包括 5 个常任理事国和 6 个参会国家。
2. 教师提前公布议题，学生课下搜集相关资料。
3. 教师准备代表各国的标牌。

实施步骤

1. 提前在教室前面布置好会议所需的桌子以及观众台。
2. 教师担任会议主席，邀请一位学生作为主席助理负责点名和记录代表发言。

（1）点名，主席助理按国家的字母顺序依次点出国家名称，被点到的国家举起国家牌，并回答"到"。

（2）宣布会议议题：如何保障战乱中儿童的教育问题？展示巴勒斯坦战乱中的儿童的相关新闻。

（3）确定议题后，正式辩论开始。教师请需要发言的学生代表举国家标牌，并随机点出国家名,代表发言的顺序即为主席点名的顺序,当代表听到自己国家被点到后,放下国家标牌。每位代表有60秒的初始发言时间,学生可在大屏幕上看到发言名单。主席助理做好记录工作。

(4)准备好用于各位代表与其他代表、主席交流意向的意向条,没有固定的格式,但一定要写清"来自某国""代表某国"。可与其他代表进行随时磋商、游说,还可以向主席要求发言、咨询议程或提出自己的想法。

(5)各国代表发言结束后,由主席助理逐条朗读起草的法案,然后进行投票表决,半数以上同意即可通过,5个常任理事国具有一票否决权。最终公布草案结果。

注意事项

1. 为了保证活动顺利开展,教师一定要提前公布论题,并且帮助学生搜集资料。

2. 开始前,教师一定要引导学生利用好意向条,严明会议纪律。

3. 教师可以根据活动时间适当减少或者增加参与的国家数目,但应保障5个常任理事国代表到场。

4. 教师在活动后应引导学生拓展思考,联合国在国际事务中还发挥着哪些作用,重在领会联合国的意义。

活动卡片

1. 意向条。

意向条
来自_____国,代表_____国

2. 议题内容(参考)。

议题:如何保障战乱中儿童的教育问题?

(北京市第八中学京西附属小学段绮老师执笔)

97 致敬"钢铁长城"

活动简介

"致敬'钢铁长城'"由"年代尺中有发现""观看影视有感悟""寻找票的主人""我说一句话"四个活动组成,力求通过活动引导学生认识到中国军队是维护世界和平的坚定力量,感受中国人民解放军热爱和平、无私奉献的精神,由此激发学生热爱和平、热爱中国人民解放军的情感。

> 内容版本:统编版小学《道德与法治》教材。
> 活动时长:10 分钟。
> 工具材料:年代尺、影视资料、模拟车票等。

前期准备

1. 教师准备"世界发生战乱的年代尺"。
2. 教师准备"中国维护世界和平"的影视资料。
3. 准备 1 号信封(放入车票、机票、船票的图片)。
4. 准备 2 号信封(放入购票者的信息)。
5. 教师制作教学 PPT(世界和平的背景图)。

实施步骤

1. 以 40 个学生为例,把学生分成 8 个小组,每组 5 人。
2. 学生以小组为单位阅读世界发生战乱的年代尺,教师引导学生归纳总结——世界并不太平。

(1) 2003 年 3 月 20 日,美英盟军发动对伊拉克的进攻。

(2) 2008 年 8 月 8 日至 8 月 18 日,格鲁吉亚和俄罗斯为了争夺南奥塞梯的控制权而爆发战争。

(3) 2011年，利比亚武装动乱。

(4) 2013年12月15日，南苏丹内战。

(5) 2016年，南苏丹两大派别发生冲突。

3. 教师组织学生观看"中国军队维护世界和平"的影视集锦，引导学生感悟"中国人民解放军是维护世界和平的坚定力量"。

(1) 面对海盗横行，中国军队守护国际海上通道安全。

(2) 面对灾难疾病，中国军队呵护每一个生命。

(3) 当疫情肆虐、当海啸袭来、当地震突发……

面对纷飞战火，中国军队给世界带来一份安宁，正义不分肤色，和平没有国界，在每一个渴望和平的地方，中国蓝盔让和平如期抵达……中国本土无战事，但是中国军人却有牺牲……

4. 学生小组活动，引导学生从信封里取出车票、船票、机票的图片。

5. 全班结合观察各种票的结果进行交流与分享。

(1) 确定车票是从哪里到哪里？

(2) 找一找是谁售的票（中国人民解放军）？

(3) 谁买的票（新兵、军医、抗战老兵、特种兵、边防官兵、军属……）？

6. 学生小组活动：再从2号信封里取出各种不同的文字描述，结合经验判断描述的是谁，把相应的票送给相应的人。

7. 全班汇报与交流。

引导学生交流"刚才你们给票找到了主人，有什么感受吗？或者你们想说些什么？"提升学生认识。

8. 教师呈现世界需要和平的背景图，创设情境，激发情感。

注意事项

1. 教师提供的供学生阅读的资料距离学生生活较远，年代尺一定要清晰具体，让学生一目了然，更利于学生得出相关的结论。

2. 影视资料画面要清晰，解说要详细，要具有一定的代表性。

3. 学生依据资料所发现和感悟到的结果应该是多元化的，避免结果的单一性。

4. 信封里所装资料要清晰，利于辅助学生学习。

5. 小组活动要有序，避免混乱。

| 活动卡片 |

1号信封里的内容（5张车票图片）：

车票1：
G793B713879　中国人民解放军(售)
柔弱 RouRuo　G2019次　坚强 JianQiang
2019年02月01号日07：00开　01车8D号
¥ 陪伴
限乘当日当次车
军属
7419752846****7187
0543-8750-7570-4872-2746-8

车票2：
G192B068578　中国人民解放军(售)
救死扶伤 JiuSiFuShang　G2019次　身体健康 ShenTiJianKang
2019年02月03日19：49开　08车5C号
¥ 攻苦食淡
限乘当日当次车
军医
5621832180****2158
2588-1625-8351-4689-1384-5

车票3：
1949100110　中国人民解放军(售)
浴血奋战 YuXueFenZhan　K2019次　民族解放 MinZuJieFang
2019年2月4日 10：00 开　家国号 10车01号
¥ 生命
限乘当日当次
抗战老兵
193109181949100l

车票4：
205881268　中国人民解放军(售)
戍边 ShuBian　K2019次　安定 AnDing
2019年2月2日 06：18 开　家国号 08车32号
¥ 团聚 时间
限乘当日当次
边防官兵
205206155347811

车票5：
G186B068528　中国人民解放军(售)
携笔从戎 XieBiCongRong　G2019次　献身国防 XianShenGuoFang
2019年02月04号日22：43开　09车13C号
¥ 青春
限乘当日当次车
新兵
4685395123****2853
2582-1743-8375-4894-5863-A

2号信封内容（5份文字资料）：

> 多少孤独，凝聚成坚定的信念
> 多少赞扬，变成了欣慰和甘甜
> 这个春节
> 爱人不能陪伴她（他）们身边
> 但她（他）们依然选择理解
> 因为她（他）们知道
> 祖国比她（他）们更需要他们

> 本可以选择潇洒和舒适
> 却因为有家国与边关
> 而毅然抉择从军报国
> 春节将至，也会思念父母
> 出门在外，也想回到家乡
> 可是你要知道
> 钢枪需要有人去扛
> 哨位需要有人坚守
> 他们唯有选择担当

> 边关苦寒，难凉热血
> 日夜戍守，只为国安
> 淡泊名利，默默奉献
> 他们付出了所能付出的一切
> 只为守护国泰民安

> 天地英雄气，千秋尚凛然
> 2019年是新中国成立70周年
> 那些为国家、为民族、为和平
> 拼死搏杀的抗战老兵
> 我们从未忘记
> 没有他们，难言团圆

> 胸怀家国情，捧得济世心
> 尽管号称"不拿枪的战斗员"
> 可军医姓"军"
> 他们始终用自己独特的方式
> 日复一日履行战斗职责
> 从未懈怠
> 为官兵健康守岁
> 将幸福播撒军营

（北京市门头沟区大峪第二小学谭庆燕老师执笔）

98 "水"知多少

> **活动简介**

本活动分为两部分：首先，学生课前完成用水情况调查，课上针对调查结果做汇报，感受我们的生活离不开水。其次，学生阅读地球水资源分布图，通过分析感受水资源的匮乏，初步培养学生生态环境意识，懂得节约资源，保护资源。

内容版本：统编版小学《道德与法治》教材。

活动时长：10分钟。

工具材料：

1. 每名学生：个人饮用水、学校用水以及家庭用水调查表。

2. 每个小组：一张地球水资源分布图和一个计算器。

> **前期准备**

1. 对学生进行分组，每个小组推选一名小组长。

2. 设计个人饮用水、学校用水以及家庭用水情况调查表，课前学生采访家人，以小组为单位采访学校相关教师，按照实际情况填写学校用水数据。

3. 地球水资源分布图5张，每小组一张，便于课堂上学生小组交流。

4. 将水资源污染情况图制作成教学PPT播放。

> **实施步骤**

1. 以30个学生为例，把学生分成5组，每组6人。每组各选出一名小组长。

2. 学生完成"用水情况调查表"，调查一天中个人、家庭以及学校用水量。课前学生对家长、相关教师进行采访，统计出调查数据，并记录在表中。

3. 课上，学生针对调查表中的调查结果进行小组讨论，然后进行全班汇报。

（1）学校用水包括哪些方面？一天大概需要用多少水？（单位：升）

（2）家庭用水都包括哪些？你的家庭一天大概需要用多少水？（单位：升）

（3）你一天要喝多少升饮用水？（一瓶普通矿泉水约550ml，以此作为参考，大致计算每天饮用水摄入量）

4. 专家指出，我们每个人一天要保证至少饮用1.5升水。

5. 学生计算：一人一天至少饮用1.5升水，北京市约2154万人，快速计算我们北京市一天大约需要多少升饮用水。

6. 学生计算：目前，中国总人口约14亿人，快速计算全国一天大约需要多少升饮用水。

7. 学生计算：目前，全世界人口约75亿人，快速计算在我们共同生存的家园——地球上，一天大约需要多少升饮用水。

8. 通过计算，我们才知道原来一天需要这么多的饮用水。水是生命之源，我们的生活中时时处处都需要水，人类生存更需要大量淡水。但这么多的水，地球妈妈真的能供给吗？地球妈妈到底储备了多少水呢？

9. 以小组为单位，仔细阅读地球妈妈的水资源分布图得出结论。通过观察图交流感悟。

10. 世界水资源中，淡水总量只占2.8%，而饮用水还不到淡水资源的1%。那这些水就可以让我们安心使用了吗？

11. 播放教学PPT，学生观察图片说出感受：在我们身边，有很多水域都遭受了污染。水资源虽然在一定程度上可以再利用，可一旦受到污染，利用价值也将失去，后果不堪设想。

12. 人类已经意识到了保护水资源这一点，将每年3月22日设立为世界节水日，以唤起公众的节水意识。同时引导学生，课后用自己喜欢的方式倡导大家保护水资源。

注意事项

1. 每位学生课前完成用水情况调查表，一定要亲身实地进行采访，避免随意捏造数据填写。用水量无需记录准确，只需根据实际情况填写大概数据即可。以"升"为计量单位。

2. "用水情况调查表"分三部分：个人、家庭以及学校。采访前注意人员分工，提前设计好采访问题，采访过程中注意礼仪。

3. 课堂中需要计算，每组准备一个计算器以便快速计算，避免耽误时间。

4. 最后有一个开放性任务，学生依照自己的理解用擅长的方式倡导保护水资源，可以制作手抄报、编写小诗、绘画、编写宣传语……教师要及时把学生的作品成果收集上来，可以制作展板，在校园内展示；也可以利用每周升旗仪式国旗下讲话时间向全校师生之间进行宣传倡议。

活动卡片

1. 用水情况调查表。

用水情况调查

个人用水调查	调查对象：
一天喝多少水？（升）	
家庭用水调查	调查对象：
家庭用水有哪些？	
你的家庭一天大概需要用多少水？（升）	
学校用水调查	调查对象：
学校用水有哪些？	
学校一天大概需要用多少水？（升）	

备注：1. 调查表中涉及用水量以"升"为单位进行记录。

2. 个人用水参考：一瓶普通矿泉水大约为550ml，由此推断。

2. 世界水资源分布图（略）。

（北京市门头沟区大台中心小学温婧老师执笔）

99 "我们是人大代表助理团"

【活动简介】

"我们是人大代表助理团"分成两个阶段：首先，了解全国中小学生给人大代表提建议，参与社会生活的典型案例；其次，学生以小组为单位，根据生活实际，对校园生活、社会建设等方面提出建议，形成建议案并发布。

设计意图：通过"我们是人大代表助理团"活动，感知人大代表的工作职责，领悟人大代表为人民服务的真谛，并在对校园、社会生活的观察中，提高主动参与政治生活的能力和公民意识。

内容版本：统编版小学《道德与法治》教材。

活动时长：12分钟。

工具材料：典型案例、纸张。

【前期准备】

1. 学生进行分组并初步开展调查活动。

2. 教师准备活动所需案例。

【实施步骤】

1. 以30个学生为例，把学生分成5组，每组6人。

2. 请学生思考：为推动全面建成小康社会，对社会建设的方方面面提出建议和解决办法仅仅是人大代表和国家工作人员的职责吗？

3. 教师出示中小学生给人大代表和政协委员提建议，积极参与国家政治生活的案例。

案例一：北京市4名中学生起草了《关于建立社会各界向中学生开放职业体验平台机制的建议案》，在全国两会召开前夕，把建议案交给了全国政协委员并得到充分肯定。

案例二：南京市某小学四年级的9名同学向江苏省人大常委会法工委提出修订广告法的建议，他们针对在儿童节目中频繁插播广告、部分广告内容不利于未成年人身心健康等问题提出了自己的想法，这个建议得到了国家多个部委的回应。

4.学生以小组为单位，结合生活实际，对校园生活、社会建设等各方面提出建议，依据提案格式，酝酿起草建议案。

5.学生代表发布本组的建议案。

6.教师带领学生总结建议案的相关内容，并对学生发布的建议案提出修改意见，便于学生课下继续整理，并通过人大代表联系群众制度、网络等方式将建议案提交给相关人大代表。

注意事项

1.为了保证活动的顺利进行，学生要在课前分好组，并对本小组成员关注的社会问题做初步的讨论和调研。

2.提示学生写建议案的格式，既要有问题的提出、提出背景和调查结果，也要有解决问题的方案。

3.在学生代表发布建议案后，教师要适时加以指导，完善建议案。

4.课堂活动不是终点，教师和学生要听取各方建议，努力将完善的建议案反映给人大代表，使学生参与政治生活的能力进一步增强，小主人意识日益提高。

（北京市第一零九中学小学实验部王乐乐老师执笔）

100 少年"说法"

活动简介

学生对公民基本权利缺乏整体的认识,并且存在盲区和误区。在"少年'说法'"这一活动中,引导学生对生活中的实际案例进行分析,并且借助法律条文进行判断,感悟到作为公民享有基本权利,并受宪法保护。

内容版本:统编版小学《道德与法治》教材。

活动时长:10 分钟。

工具材料:

1. 教师:三个 A4 纸大小的牌子,分别标明不允许搜身、允许搜身、允许搜身但有条件。

2. 每位同学:一本《中华人民共和国宪法》。

前期准备

1. 课前利用问卷调查的方式,了解教学班同学对公民基本权利的认识情况。

2. 教师为每位同学准备好一本《中华人民共和国宪法》。

3. 教师准备好新闻视频(一女子走出超市时警报响了,男保安要求搜身),并插入到教学 PPT 中。

4. 教师提前准备好一段背景音乐,插入到教学 PPT 中。

5. 教师将此次活动涉及的宪法法律条目在 PPT 中做成触发式,以便在学生提及的时候及时出示。

实施步骤

1.(教师引导学生关注学习主题)引导:同学们,我们来看一则新闻。(PPT 播放新闻视频:一女子走出超市时警报响了,男保安要求搜身)

2.（教师引导学生针对案例进行分析）你认为视频中的女子，会怎么办呢？以下有三个选择（出示三个牌子并放置在教室前：不允许搜身；允许搜身；允许搜身但有条件），你赞同哪一种观点，就请站在这种观点的牌子后。（播放教学PPT中的背景音乐）

3. 学生进行第一次站队活动。

4.（停止教学PPT中的背景音乐，教师引导学生阐述自己的理由）引导：现在同学们都已经做出了自己的选择，谁来说说？

5. 学生进行交流活动。

（1）不允许搜身。

提问：你的理由是？

小结：你是从保护自己安全的角度考虑的。

（2）允许搜身。

提问：你为什么选这个？

小结：你是从证明自己清白的角度来考虑的。

（3）允许搜身但有条件。

提问：什么条件呢？

小结：你既考虑了自身安全，又能证明自己的清白。

6.（教师通过提问，引导学生思考）提问：同学们刚刚发表了自己的看法，而且都有自己的道理，那这件事情如何解决？（找警察）

7.（教师通过提问，引导学生遇事找法）提问：警察依据什么来处理这样的事情呢？

8.（教师引导学生通过自主学习寻找法律依据）引导：的确，就是法律。那么法律是怎样规定的呢？我们都知道宪法是我们国家的根本法，现在请大家翻开手中的《中华人民共和国宪法》，翻开第二章的内容，看看是否有这方面的依据。

9. 教师根据学生回答，出示相关法律内容。

<u>《中华人民共和国宪法》</u>第三十七条 <u>中华人民共和国公民的人身自由不受侵犯</u>。任何公民，非经<u>人民检察院</u>批准或者决定或者人民法院决定，并由<u>公安机关</u>执行，不受逮捕。禁止<u>非法拘禁</u>和以其他方法非法剥夺或者限制公民的人身自由，禁止非法搜查公民的身体。

第三十八条 中华人民共和国公民的人格尊严不受侵犯。禁止用任何方法对公民进行侮辱、诽谤和诬告陷害。

10.（教师引导学生借助法律，对案例进行第二次判断）引导：现在请同学们再次选择，并说出你的理由。

11. 学生第二次站队。

12. 学生交流第二次选择的理由。

13. 小结：像人身自由、人格尊严这样被宪法保障的，能够让人们安心地工作、学习和生活的基本权利，被称为"公民的基本权利"（板书：公民的基本权利）。

注意事项

1. 上课时学生坐在教室四周，为后面两次站队活动留出足够空间。

2. 教室前面摆三张桌子，每张桌子上有一个牌子，分别是：不允许搜身、允许搜身、允许搜身但有条件。

3. 活动未开始的时候，请把牌子背面朝上扣在桌子上，以免干扰前面环节的教学。

4. 引导学生在背景音乐响起时开始活动，音乐停止时结束活动。

5. 第一次站队时，学生的回答没有对错之分，学生只要能够说明自己选择的理由即可。

6. 第二次站队时，引导学生借助法律规定阐述理由，从而增加学生对于《中华人民共和国宪法》的认同感。

7. 全班交流法律对于搜身的规定时，学生每说出一条，教师将相应的条文出示在PPT上。

8. 教师注意时间和纪律的把控。

活动卡片

| 不允许搜身 | 允许搜身 | 允许搜身但有条件 |

（北京大学附属小学石景山学校邱知老师执笔）